TECH TAN

\やさしく たのしく 学べる/

情報Ⅰ単語帳

てくたん

SE
SHOEISHA

本書内容に関するお問い合わせについて

このたびは翔泳社の書籍をお買い上げいただき、誠にありがとうございます。
弊社では、読者の皆様からのお問い合わせに適切に対応させていただくため、
以下のガイドラインへのご協力をお願い致しております。
下記項目をお読みいただき、手順に従ってお問い合わせください。

ご質問される前に

弊社Webサイトの「正誤表」をご参照ください。
これまでに判明した正誤や追加情報を掲載しています。

正誤表　https://www.shoeisha.co.jp/book/errata/

ご質問方法

弊社Webサイトの「書籍に関するお問い合わせ」をご利用ください。

書籍に関するお問い合わせ　https://www.shoeisha.co.jp/book/qa/
インターネットをご利用でない場合は、FAXまたは郵便にて、
下記"翔泳社 愛読者サービスセンター"までお問い合わせください。
電話でのご質問は、お受けしておりません。

回答について

回答は、ご質問いただいた手段によってご返事申し上げます。ご質問の
内容によっては、回答に数日ないしはそれ以上の期間を要する場合があります。

ご質問に際してのご注意

本書の対象を超えるもの、記述個所を特定されないもの、また読者固有の
環境に起因するご質問等にはお答えできませんので、予めご了承ください。

郵便物送付先およびFAX番号

送付先住所　〒160-0006　東京都新宿区舟町5
FAX番号　03-5362-3818　　宛先　（株）翔泳社 愛読者サービスセンター

はじめに

2025年、情報Ⅰが大学入学共通テストで必修科目になりました。

　「情報って好きでも嫌いでもなかったのに、
　　受験科目として勉強するのは嫌だな…。」

そんな思いをしている子もいるのではないでしょうか？

私たちは大学生をしながら、Life is Tech！（ライフイズテック）という
会社でITを使ったものづくりを中高生に教えています。今までで1,000
人以上の現役中高生と関わってきました。
この本は、中高生の「わからない」という声を解決してきた私たちだか
らこそ作れる、分かりやすいに特化した単語帳だと思っています。
近所にいる仲良しのお兄さん・お姉さんにちょっと勉強を教えてもら
う、そんな感覚で読めるようにしました。

パラパラとページをめくるだけでも大丈夫。
ちょっと気になったとこだけ読んでもいい。

どれか一つでも「面白い」と思ったところを入り口に、情報を楽しんで
もらえたら嬉しいです。

テストのためだけじゃなくて、本当に使える情報単語帳。
この単語帳を読んだら、きっといつもよりテストを楽しく解けるんじゃ
ないかな。

情報詳しいってちょっとカッコよくない？

著者を代表して
team YOKAIGI　水野 薫

本書について
. . . .

本書は、4つのセクションで構成されています。情報Iの教科書の構成に準じて作成しました。各セクションは「単語帳」と「NEXT STEP」の2つに分かれます。

セクション前半の単語帳パートは、情報Iのカリキュラムで学ぶ単語を分野ごとに掲載し、読むだけで単語のイメージが理解できるようになっています。

セクション後半のNEXT STEPは、知識を理解した先にどんな世界が待っているのか、実社会ではどのように使うことができるのか、すぐに活用できる例などを紹介しています。

単語帳

単語帳パートでは、情報Iで学ぶ単語に親しみを持ってもらうことです。できる限り難しい言葉を使わず、情報Iを学び始めた皆さんに親しみやすい言葉で丁寧に解説するよう努めました。「情報って何?」という状態から「情報ってこんな感じか!」とイメージを持ってもらうことを目的としています。

各単語には「通し番号」「一言イメージ」「解説」「例文」を掲載しています。

通し番号

「通し番号」は単語帳の中で何番目の単語かを示します。できる限り意味の近い単語が並ぶような順番にしました。だんだん難しくなるわけではないので、安心してくださいね!

一言イメージ

情報の単語は覚えるよりも、意味を理解して使えるようになることが重要です。ここでは、単語の意味を一言で表した「一言イメージ」掲載しています。

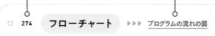

□ **274** **フローチャート** ▶▶▶ プログラムの流れの図

プログラムや手順の流れを図式化したものだよ。各ステップが図形などで表されていて、矢印を使ってステップ同士がどう繋がっているのかを書くんだ。

例　文化祭での実行委員の動きをフローチャートで表そう!そうすればどういう流れで動くのかわかるはず!

解説

「一言イメージ」を読んで単語のイメージか掴めたら、「解説」で詳しい意味や背景なども含めて理解しましょう。

例文

「例文」では、その単語を日常生活の中で使う例を示しています。みなさんと同じ年代の「かおる」「かいと」「なおや」の学生生活の一コマになっています。

単語パートでは、「一言イメージ」「解説」「例文」の3つからその単語の「意味」を理解することができます。専門家が定義する厳密な表現や、辞書的に示されるような表現とは異なるところもあります。本書では、分かりやすく親しみを持てることを重視して、このような表現を採用しています。

本書を通じて興味を持った単語や単元は、教科書やより専門的な書籍で勉強してみてください。単語帳パートが皆さんの情報への入り口になったら嬉しいです!

NEXT STEP

NEXT STEPのねらいは、情報Iで学ぶ知識を日常生活のどんなことで使えるかを体験してもらうことです。

学校で勉強する知識が将来どう使うのかイメージが湧かなくて、モチベーションが湧かないこともありますよね。そんな皆さんでも、情報の知識がこんなところで使えるのかと体験してもらうことで、学校での勉強の先にある楽しい世界に触れてもらえるような内容となっています。

> ハイかローか1回予想してみる
>
> では実際にゲームのプログラムを書いてみよう!一気に完成を目指すのではなく、小さく1回だけ動くプログラムを書いてみよう。

```
current_card = cards[0] # 最初のカード
next_card = cards[1] # 2番目のカード

print(f"現在のカード: {current_card}")
```

NEXT STEPは、単語帳パートを読んで「情報ってこんな感じか!」と理解できたあとに、「情報って楽しい!」という気持ちになってもらうことを目的としています。

NEXT STEPパートには実際に手を動かして作ったり体験したりできる内容も含まれています。ぜひ楽しみながら読んでみてくださいね!

どうやって読むのがオススメ?

　本書は4つのセクションで構成されていますが、どのセクションから読んでも問題ありません。いま学校の授業で扱っている章から読み始めてみたり、なんとなく興味が湧いた章から読み始めてみたりしても大丈夫です。ただ、単語帳パートはセクションごとにできる限り分かりやすい順番で並べているので、前から順に読んでみるとより理解しやすいかもしれません。

　単語は覚えるのではなく、意味を理解する・イメージを持つことを意識して読み進めると、より効果的に学習できます。

　NEXT STEPは勉強するものではなく遊ぶものです! パートは興味があるところから読んでみてください。単語帳パートの後に読めば、学んだ単語がどう使われるのかを体感できるし、単語帳より前に読めば、これからどんな単語を学べるのかをイメージできます。

各セクションについて

セクション1

テーマは「情報社会の問題解決」です。情報の成り立ちや基本的な知識を学びます。情報を使って問題を発見したり、解決することを目的に、どのような方法をとるのか、どのように情報を収集するのかを理解しましょう。

セクション2

テーマは「コミュニケーションと情報デザイン」です。情報を使ってどのようにコミュニケーションをしたり、どのように情報を伝えるかを学びます。例えば、どのようなグラフを使用してデータを可視化したりするか、などです。

セクション3

テーマは「コンピュータとプログラミング」です。コンピュータやその周辺機器について学びます。プログラミングで必要な知識や実際にプログラミングを使ってどのようなことが行われているかも知ることができます。

セクション4

テーマは「情報通信ネットワークとデータの活用」です。コンピュータとコンピュータが通信するネットワークや、データを管理するためのデータベースについて学びます。情報を使って効率的にどのように世の中がつながっているのか見てみましょう。

Pythonの環境について

　チャプター3のNEXT STEPでは、Pythonを使用して実際にプログラミングを行います。Pythonのバージョンは3.0系です。

　ツールはGoogle Colaboratory（通称：Colab）を使用しています。Colabは、WebブラウザでPythonの記述や実行ができ、環境構築も不要です。Colabの使い方についてはWebサイト等で確認してください。

　動作確認は、2024-02-21リリース版で行いました。

●Google Colaboratory
　https://colab.research.google.com/

CGについて

　本書に掲載しているCGイラストは、Adobe Fireflyを使って生成しています。Fireflyは、テキストから画像を生成できるAIです。

　参照する画像を指定して、生成する画像のスタイルを一致させることができます。他にも様々な機能があります。画像生成については、セクション1のNEXT STEPでも紹介しています。

●Adobe Firefly
　https://firefly.adobe.com/

目次
. . . . .

情報社会の問題解決

☐ 001 **情報** ▶▶▶ 伝えられる内容

情報とは、伝えられる内容のことだよ。自分にも相手にも
理解できる形である必要があるね。

例 「明日、数学のテストがある」って情報が出てたけど、どうしよう。

☐ 002 **情報社会** ▶▶▶ 情報を中心に発展する社会

情報技術が日常生活や経済活動、社会構造などに深く浸
透している社会のこと。インターネットやデジタル技術の
普及が進んでいる状態だよ。

例 今は情報社会だから、スマホやパソコンなしで
は生活できないよね。

☐ 003 **一次情報** ▶▶▶ 元々の情報

最初に出た情報のこと。直接その出来事を見たり聞いたり
した人からの情報だよ。

例 生でサッカーの試合を観戦すると、会場の雰囲気とか監督の表情と
かが分かるなあ…。一次情報ならではだ！

☐ 004 二次情報（ニ ジ ジョウホウ） ▶▶▶ 誰かが教えてくれた情報

最初の情報を基にした他の人からの情報だよ。ニュースや本などで得ることが多いよ。

例 ニュースだとシュートが決まった瞬間しか放送されないな…。二次情報だから情報が整理されてて見やすいけど、省かれている情報も多そうだ！

☐ 005 Society 5.0（ソ サ エ ティ） ▶▶▶ デジタルを使って便利に暮らす未来の社会

みんなが幸せに暮らせるように、最新の技術を使って便利で快適な社会を作る考え方だよ。日本が提唱する未来社会のコンセプトなんだ！　ちなみにSociety 1.0は狩猟社会、2.0は農耕社会、3.0は工業社会、4.0は情報社会だね。

例 Society 5.0ってどんな社会なんだろう！　どんな家電もスマホで操作できたり、部屋が自動で掃除されたりするのかな…！

☐ 006 イノベーション ▶▶▶ 社会に新たな価値や変化をもたらすこと

新しい価値を生み出す革新的な行動のことだよ！

例 イケイケの文化祭を企画してこの学校にイノベーション起こすぞ！！

☐ **007**　**デジタルトランスフォーメーション**

▶▶▶ デジタル技術を活用して人々の生活をより良くすること

デジタル技術を使って、仕事や生活をもっと便利にすること。DXと略すことが多いよ。

例　文化祭をデジタルトランスフォーメーションしてもっと楽に準備を進められないかな…。手始めにメールの代わりにチャットツールを導入して、先生や生徒と連絡を取りやすくしてみよっと！

☐ **008**　アイシーティー ジョウホウ ツウ シン ギ ジュツ
ICT（情報通信技術）

▶▶▶ 情報を扱う技術と通信技術の総称

情報を効率的に扱うための技術や、それを通信できる技術の総称だよ。スマートフォンやコンピュータなども、これに該当するよ。

例　今年の文化祭は、ICTを使いこなして効率よく運営していくぞ！

☐ 009 **AI（人工知能）**
（エーアイ　ジンコウ チ ノウ）

▶▶▶ 　人間の脳のように動くコンピュータの仕組み

コンピュータが人間のように考えたり学んだりする能力
を持つこと。ゲームやスマートフォンにも使われている
んだ。AIはArtificial Intelligenceの略だよ。

例　感情もなくただひたすら俺を詰めてくる、なおやはAIみたいだ…！

☐ 010 **データ** ▶▶▶ 情報の集まり

数字や文字、画像など、何かしらの形で集められた情報の
ことだよ。コンピューターの世界では特に重要で、これを
分析したり、使ったりすることが多いんだ。

例　かいと「これまでのテストの点数データを100時
　　間かけて分析して、成績向上につなげるぞ！」
　　なおや「とりあえず勉強したほうが早いだろ」

☐ 011 **データマイニング** ▶▶▶ 大量データの分析

たくさんあるデータの中から物事のパターンやトレンドを
見つけることだよ。

例　文化祭でどんな出店を出したら人気が出そうか、
　　データマイニングで流行を見極めるぞ！

□ 012 **VR** (ブイアール) ▶▶▶ <u>仮想現実</u>

Virtual Realityの略で、コンピューターが作った仮想の世界に入り込み、あたかも現実のような体験ができる技術のことだよ。ゲームやバーチャルライブなどにも使われるよ。

例 卒業証書を受け取るの、想像しただけで緊張するから、一回VRでリハーサルしたい！

□ 013 **AR** (エーアール) ▶▶▶ <u>拡張現実</u>

Augmented Realityの略で、スマートフォンやメガネ型端末を使って、現実の世界にデジタル情報やイメージを重ねて見ることで現実世界を拡張できる技術のことだよ。例えば、スマホでカメラを起動して、画面上の現実の景色にデジタルの情報やキャラクターを追加できるよ。

例 テストで正解が全部ARで浮かび上がってきたらいいのに。

□ 014 **GPS** (ジーピーエス) ▶▶▶ <u>現在位置を特定する仕組み</u>

人工衛星を使って場所を特定することができる仕組みだよ。スマホやパソコンなどの色々なサービスで、位置を確認するために使われているね。GPSは、Global Positioning Systemの略だよ。

例 かいとは遅刻してばっかりだから、GPSを常にオンにして家をちゃんと出てるか確かめてやる。

☐ 015 GIS（ジーアイエス） ▶▶▶ 位置に関する情報を地図上で扱う仕組み

位置に関する色々な情報を地図上で重ね合わせて取り扱う仕組みだよ。視覚的にもわかりやすく表現することができて分析などに役立つよ。GISは、Geographic Information Systemの略だよ。

例 心の中のGILに、学校生活の思い出が刻み込まれていく…。

☐ 016 ジオタグ ▶▶▶ メディアについている位置情報

写真や動画などのメディアにつけることができる位置情報だよ。スマートフォンで撮った写真にもついていることが多いよ。

例 この写真どこで撮ったんだっけ…。あ！ジオタグ見て確認しよっと！

☐ 017 電子商取引（デンシショウトリヒキ） ▶▶▶ オンラインで売買すること

オンラインで商品やサービスを売買することだよ。対面での取引よりも場所や時間にとらわれないから可能性が広がるね！

例 文化祭のグッズがめっちゃ人気だったから、電子商取引でオンラインでも買えるようにしよう！

□ 018 　**RFID**　アール エフ アイ ディー　▶▶▶　<u>電子タグで情報を読み取る技術</u>

物に電子タグをつけて物の位置などの情報を触らずに読み
取る技術だよ。物流などで在庫管理をするときに便利なん
だ。RFIDは、Radio Frequency Identificationの略だよ。

例　お母さんには隠し事が通じない…。俺にRFIDタグ
でも埋め込まれているのか…。

□ 019 　**トレーサビリティシステム**

▶▶▶　<u>商品の道のりを追跡する仕組み</u>

物がどこからどのような道のりで来たのかを追えるシステ
ムだよ。このおかげで私たちは安全で良いものを選ぶことができるね！

例　尊敬するあの先輩がどういう人生を歩んできたのか、トレーサビ
リティシステムで追ってみたい…。

□ 020 　**RPA**　アールピーエー　▶▶▶　<u>コンピュータで自動化すること</u>

コンピュータプログラムを使って仕事を自動化する技術の
ことだよ。RPAは、Robotic Process Automationの略なんだ。

例　なおやは素早く正確に作業をしてくれて、まるでRPAみた
い！

☐ 021 **スマート農業（ノウギョウ）** ▶▶▶ デジタルを活用した農業

コンピューターやセンサーを使った農業のことだよ。農業の効率をアップすることができるんだ。日本の農業は高齢化と労働力不足に悩まされていて、その解決策として期待されているよ。

（例） スマート農業駆使して、他のクラスよりもたくさんミニトマトを育ててやる！

☐ 022 **ナビゲーションシステム** ▶▶▶ 道案内

道案内をしてくれるシステムだよ。カーナビだったりスマートフォンのマップなどがそうだね。

（例） かいと「最近のナビゲーションシステムは経路を表示してくれるから便利だな！」
なおや「でもかいとはいつも迷子になるよな」

☐ 023 **ユビキタスコンピューティング**

▶▶▶ あらゆるところにコンピュータがある環境

あらゆるデバイスや場所でコンピュータと通信して情報にアクセスすることができる技術のことだよ。

（例） ユビキタスコンピューティングの技術で、テスト中になおやの頭の中にアクセスできるようにならないかなぁ…。

□ 024 　クラウドサービス　▶▶▶　インターネット上のサービス

インターネットを通じて使えるサービスだよ。みんなが普段使っているパソコンから、より高性能のパソコンにアクセスして、大量の計算をしてもらったりすることができるんだ。

> 例　かいと「結局全然テスト勉強できなかったぞ…なおやにクラウドサービスとして代わりに計算問題を解いてもらおう」

□ 025 　IoT（モノのインターネット）
アイオーティ

▶▶▶　インターネットにつながる日常の物

色々なものがネットワークでつながって情報をやりとりする技術のことだよ。IoTは、Internet of Thingsの略だよ。

> 例　全員の心がつながってコミュニケーションできる、IoTみたいなクラスにしていこうな！　今年のクラス標語は「Be IoT」にしよう。

□ 026 　生体認証　▶▶▶　身体の特徴を使った認証
セイ タイ ニン ショウ

指紋や顔の形、虹彩など、人それぞれの体の特徴を使って、その人が本当に本人かどうかを確認する方法。セキュリティのために使われることがあるよ。

> 例　スマホのロック解除に指紋認証を使ってるよ。生体認証って便利だね。

☐ 027 **テクノストレス**

▶▶▶ テクノロジー（コンピュータなど）によるストレス

スマホやパソコン、インターネットなどのテクノロジーを使うことで生じるストレス。例えば、情報過多やデバイスのトラブルが原因でストレスを感じることがあるよ。

例 SNSが楽しくてずっと見ちゃう…。テクノストレスになりそうだし、そろそろやめとこうかな！

☐ 028 **VDT障害** ブイディティショウガイ ▶▶▶ パソコンなどの作業で身体にでる不調のこと

パソコンなどの画面を長時間見続ける作業によって生じる疲れや体の不調のことだよ。目や肩に不快感が出ることが多いね。VDTはVisual Display Terminalsの略だよ。

例 スマホで単語の勉強をしすぎてVDT障害が起こりそうだ…。

□ 029　デジタルデバイド

▶▶▶　デジタルを使える人と使えない人の情報格差

インターネットやテクノロジーへのアクセスに差があることだよ。スマートフォンやタブレットを持っている人と持っていない人との差や、デジタルツールを使いこなして情報を適切に入手できる人とできない人の差などのことを言うよ。

例　学校から北側に帰る人たちは知らないけど、南側には綺麗な景色が見えるんだよね。情報に差があって体験が違うのはデジタルデバイドみたいだね。

□ 030　インフルエンサー　▶▶▶　ある分野において影響力を持つ人

特にソーシャルメディアで影響力のある人のことを指すね。

例　生徒会長の学校での影響力はすさまじい…。まるでインフルエンサーだ！

□ 031　情報モラル　▶▶▶　情報社会でのマナー

ネット上での正しい行動や、他人の情報を尊重することだよ。ネット上で嘘をつかない、他人の写真を勝手に使わない、優しい言葉を使う、などが情報モラルに当たるよ。

例　情報モラルを守って、みんなが安心してインターネットを使える社会になったらいいよね！

□ 032 炎上（エンジョウ） ▶▶▶ 非難が殺到すること

インターネットで、人々が意見を交換する中で感情が高まり、激しい論争になること。みんなが激しくコメントしたり、反対の意見が強くなったりすることがあるよ。

例 夏休みを短くする案に批判が殺到して、炎上しているよ！

□ 033 PDCAサイクル ▶▶▶ 改善のサイクル

PDCAは、Plan（計画）Do（実行）、Check（検証）、Act（改善）の頭文字で、それぞれ次のような意味があるよ。

P：目標を達成するために何をすればいいのか考える
D：Planで計画したことを実際にやってみる
C：Doで実際にやってみた結果がどうだったのか、Planで立てた計画通りに行っているか確認する
A：Checkの結果をもとに次からどう改善していくか考える

これらを繰り返していくことで物事が改善していくんだ。「PDCAを回す」という言い方をするよ。

例 テストでいい点数を取りたいから、PDCAサイクルを考えてみた！
　　P：勉強時間を増やすことにした
　　D：1週間続けてみた！
　　C：テスト範囲外も勉強しちゃって効率が悪かった…
　　A：来週はテスト範囲に絞って勉強してみよう！

ブレーンストーミング ▶▶▶ <u>アイデアをどんどん出す方法</u>

多くの人のアイデアを掛け合わせてたくさんのアイデアを
生み出す方法だよ。三人寄れば文殊の知恵だね。みんな
が意見を出しやすくするために、次のようなルールがある
よ。

・批判厳禁
　他の人の意見をまず受け入れる！　聞く姿勢が大事だね。
・自由奔放
　思いついたことはとりあえず言ってみる！
・質より量
　案をたくさん出すことが大切！
・結合改善
　他の人のアイデアと自分のアイデアを掛け合わせて発展させることだよ。

みんなの力を発揮しやすくするためのルールだよ。意見を出しやすくなるね！

例　文化祭で、今までにないイケてるお店を出したいから、今回はみ
　　んなでブレーンストーミングしてアイデアを出そう！

□ 035 ## マインドマップ ▶▶▶ <u>放射状のアイデア整理図</u>

中心となるテーマを真ん中に描いて、そこから枝を伸ばす
ようにイメージを膨らましていく方法だよ。考えが整理さ
れるし、新しいアイデアも生み出されやすいね。トニー・
ブザンが考案した方法だよ！

例　文化祭の出し物を何にするか煮詰まってきたから、今回はマイン
　　ドマップを使って連想してみない？

☐ 036 **KJ法**（ケイジェイホウ） ▶▶▶ アイデア整理手法

アイデアをグループにまとめて新しい発想を生み出すための方法だよ。考えが整理されるから新しい考えが生み出しやすくなるね。川喜田二郎が考案した方法だからイニシャルをとってKJ法という名前になったんだ。

例 文化祭の出し物の案がたくさん出たから、KJ法で整理してみよう！

☐ 037 **検索エンジン**（ケンサク） ▶▶▶ ネット検索サービス

キーワードでインターネット上の物事を調べるツールのことだよ。GoogleやYahoo！などがあるね。

例 探求学習で分からないことがあったから、検索エンジンで調べるぞ！

☐ 038 **ロボット型**（ガタ） ▶▶▶ 自動でWebサイトを集める方式

世界中のWebサイトの情報を自動的に収集して、適切だと判断したものを検索結果に出す仕組みのことだよ。今の検索エンジンは、たいていこの方法だね。

例 なおや「ロボット型だと検索しやすいな！　勉強に役立ちそうなサイトが出てきた」
かいと「お、それ俺が公開しているサイトだ！」
なおや「かいとが公開しているサイト…？　信頼できるのか…？」

ディレクトリ型 ▶▶▶ <u>手動でWebサイトを集める方式</u>

Webサイトを手動でジャンル分けし、カテゴリーから検索
できるようにする仕組のことだよ。今はあまり見ないね。

例　社会の勉強がしたいんだし、最初からディレクト
　　リ型で検索すれば良かったぜ。

AND検索 ▶▶▶ <u>全てのキーワードを含むものを検索</u>

いくつかのキーワードを使って、それらの全てが含まれてい
るページを検索することだよ。キーワードの間にはスペース
を置くよ。「情報 単語帳」だと「情報」と「単語帳」の二つ
の単語が含まれた検索結果が出るよ！　テクタンも出てくる
はず！

例　文化祭の打ち上げのお店は、安い AND うまい AND 早い AND 個
　　室 AND お肉食べ放題 AND ソフトクリーム食べ放題 AND コーラ
　　飲み放題のところがいいな！　あれ…一軒もないかも…。

OR検索 ▶▶▶ <u>いずれかのキーワードを含むものを検索</u>

いくつかのキーワードを使って、それらのどれかが含まれ
ているページを検索することだよ。キーワードの間には
「OR」を置くよ。「情報OR単語帳」だと「情報」か「単語帳」
のどちらかが含まれている検索結果が出るよ！

例　今日はこだわりカレーを作るぞ！　「スープカレー OR キーマカレ
　　ー」で検索してみよう！

☐ 042 **NOT検索** ▶▶▶ キーワードを含まないものを検索

特定のキーワードを含まないページを検索することだよ。キーワードの頭には「-」を置くよ。「情報-単語帳」だと「情報」と検索した結果から「単語帳」が含まれているものを除いてくれるんだ。

例 ケーキのレシピを調べよう。今日はショートケーキ以外を作りたいな。そうだ！「ケーキ レシピ -ショートケーキ」で検索してみよう！

☐ 043 **著作権** ▶▶▶ 作品と作った人を守るための権利

音楽や本、絵などの作品を作者以外の人に勝手に使われないための権利だよ。

例 かいと「隣の学校の文化祭のポスターいいね！
真似しちゃおうぜ！」
かおる「ダメだよ！著作権はポスターを描いた人にあるんだから」

☐ 044 **方式主義** ▶▶▶ きちんとした手順で権利を守るスタイル

書類を用意して決まった手順を踏んで権利を得る方法だよ。

例 最高の発明の特許を申請するぜ！ でも方式主義で種類用意するのめんどうだな…。なおや、代わりに書いてくれよ！

□ 045　無方式主義 ▶▶▶ 手続きなしで権利を守るスタイル

（ム ホウ シキ シュ ギ）

特別な手順や書類を用意しなくても、権利が自然に発生するという考え方だよ。

> 例　かいと「全然思い付かないから、かおるの絵パクっちゃお〜」
> なおや「無方式主義で著作権が発生してるから、真似するのはダメだぞ！」

□ 046　著作物 ▶▶▶ 考えや気持ちを作品にしたもの

（チョ サク ブツ）

本や絵、音楽など作者が作ったもののことだよ。作者にはそれを守る権利があるよ。

> 例　かいと「俺の芸術的な数学の証明は、著作物だからなおやには真似させないよ」
> なおや「俺は自分で証明できるからいいよ」

□ 047　知的財産 ▶▶▶ お金になるアイデアや創造物

（チ テキ ザイ サン）

人が考えたり作ったりしたもので、財産的な価値を持つものの総称だよ。

> 例　この文化祭の企画も、私たちの知的財産だね。

□ 048 **著作者人格権**
チョサクシャジンカクケン

▶▶▶ 著作者が傷つかないための権利

作者が自分の著作物がどう使われるかを決定する権利のこと。作者の意思を
尊重するための権利なんだ。公表権、氏名表示権、同一性保持権の３つを併
せて言うよ。

例　自分の作品には著作人格権があるから、勝手に
手を加えられたりすると嫌だよね。

□ 049 **公表権** ▶▶▶ 作ったものを世に出すか決める権利
コウヒョウケン

自分が作ったものを一般向けに公表する権利のことだよ。
文化祭のポスターなどをSNSに載せたりする権利もこれに
当てはまるね。

例　かおる「かいとの絵すごくいいね！　描いた人に公
表権があるから出すかどうかは自由だけど、コンテ
ストに出してみたら？」

□ 050 **同一性保持権** ▶▶▶ 著作物を勝手に改変されない権利
ドウイッセイホジケン

著作物を他の人にいじられないための権利だよ。誰かの作
った曲やロゴを勝手にアレンジしたりしてはいけないんだ。

例　この作品は、作ったかいとに同一性保持権がある
から勝手に変えちゃダメだよ！

□ 051 **氏名表示権** ▶▶▶ 名前を載せるか決める権利

（シ メイヒョウ ジ ケン）

著作物を一般向けに公表する時に本名を載せるかどうか決める権利のことだよ。本名じゃなくてペンネームをつけてもいいよね。

例 書いた君に氏名表示権があるから、本名で公開するかペンネームで公開するかはじっくり考えてね。

□ 052 **特許権** ▶▶▶ 発明を保護する権利

（トッ キョ ケン）

特許を受けた発明を保護する権利のことだよ。

例 悔しいけど、なおやのツッコミセンスがすごすぎる…。思考回路を特許申請したいくらいだよ…。

□ 053 **実用新案権** ▶▶▶ 新しい道具や機械のアイデアを守る特別な権利

（ジツ ヨウ シン アン ケン）

新しい形の道具や便利な機械のデザインを守る特別なルールのことだよ。これで、他の人が勝手に真似できなくなるね。特許権は新しい発明などの技術に注目していることに対して実用新案権はものの形に注目しているんだ。

例 かいとに真似される前に、俺の渾身のツッコミワードの実用新案権を申請しないと！

□ 054 **意匠権** イ ショウケン ▶▶▶ 製品の外観を真似されないように保護する権利

他人にデザインを真似されないための権利のことだよ。

例 このポスターの意匠権は描いたかおるにあるから、
勝手に真似しちゃいけないよ！

□ 055 **商標権** ショウヒョウケン ▶▶▶ 商品の識別記号を保護する権利

会社の名前やマークを守る権利だよ。これで、その会社だけが使えるようになるんだ。

例 ロゴの商標権は○×社にあるから勝手に使っちゃダメだよ！

□ 056 **産業財産権** サンギョウザイサンケン ▶▶▶ 新しい技術やデザインを独占する権利

発明やデザインを守る権利のことだよ。「特許権」、「実用新案権」、「意匠権」、「商標権」の総称を指すんだ。工業所有権ともいうよ。

例 この仕組みはかおるが作ったのか！　ってことは、かおるに工業所有権があるんだね！

□ 057 **複製権** （フクセイケン） ▶▶▶ 著作物のコピーをする権利

著作物のコピーを造られないための権利だよ。自分の作ったものを勝手にコピーされたら嫌だよね。

例 この作品の複製権をもってないから、コピーはできないな…。

□ 058 **著作隣接権** （チョサクリンセツケン）

▶▶▶ 著作物をみんなに広める人が持つ権利

著作隣接権は、その著作物をたくさんの人に広める役割をもっている人に与えられる権利なんだ。著作隣接権があることで、たくさんの人がいろいろなコンテンツを楽しめるように促されているんだね。

例 この演劇の脚本はかおるが演じてるんだから、公演の録画配信についてかおるが決めていいよ！ 著作隣接権があるからね。

□ 059 **公衆送信権** （コウシュウソウシンケン） ▶▶▶ 著作物を公衆向けに送信する権利

著作物をラジオやテレビなどの媒体で公衆向けに流す権利のこと。誰かの作ったものを勝手に流してはいけないね。

例 この曲は作ったまひろに公衆送信権があるから、勝手にラジオで流しちゃダメだよ！

☐ 060 上演権、演奏権、上映権

▶▶▶ 著作物の上演、演奏、上映などの公演を行う権利

著作物を勝手に上演されたり演奏されたり上映されたりしないための権利だよ。著作者に無断で上映したりして他の人に見せちゃダメなんだね。

例 この演劇の上演権は、書いたかおるにあるんだから、勝手に文化祭で上演しちゃダメだよ！

☐ 061 展示権 ▶▶▶ 著作物を展示する権利

著作物を展示するための権利のことだよ。誰かの作ったものを勝手に掲示したりしてはいけないね。

例 この絵は描いたかいとに展示権があるから、許可なく駅に貼っちゃ問題だよ…。

☐ 062 頒布権 ▶▶▶ 映画の著作物を配布・販売する権利

映画の著作物を配布したり販売したりするための権利だよ。自分の作った映画が勝手に配布されていたら嫌だよね。

例 この映画は撮ったまひろに頒布権があるから、勝手に配布しちゃダメだよ！

□ 063 **譲渡権・貸与権**
ジョウ ト ケン　タイ ヨ ケン

▶▶▶ 映画以外の著作物を譲渡・貸与する権利

映画以外の著作物を譲渡したり貸与したりするための権利
だよ。誰かの作ったものを勝手にあげたり貸したりしては
いけないね。

例 このパンフレットは作ったかいとに譲渡権があるから、許可なく
人に渡したりしちゃダメだよね。

□ 064 **翻訳権・翻案権** ▶▶▶ 著作物を翻訳したりアレンジする権利
ホン ヤク ケン　ホン アン ケン

著作物を他の国の言葉に変えたり、新しい形に作り変えた
りするための権利のことだよ。

例 このロックの曲は作ったかいとに翻案権があ
るから、勝手にアレンジして合唱曲にしちゃ
ダメだよ！

□ 065 **個人情報** ▶▶▶ 個人を特定できる情報
コ ジンジョウホウ

その情報があることで誰なのか特定できてしまう情報のこ
とだよ。名前、住所、電話番号もそうだし学籍番号もそう
なんだよ。

例 自分の名前や住所、電話番号だったりは、個人情報だからSNSに
あげたら危険だよ！

□ 066　個人情報保護法　▶▶▶　みんなの大切な情報を守る法律

人の名前や住所などの個人情報が安全に扱われるようにするための法律だよ。

例　他の人の電話番号をばら撒いちゃダメだよ！　個人情報保護法で禁止されてるんだから！

□ 067　プライバシー権

▶▶▶　プライベートな情報を他人に知られない権利

プライベートな情報を許可なくバラされないための権利だよ。バラされたら恥ずかしいよね…。

例　先生にもプライバシー権があるから、プライベートなことを聞くのはやめとこっと。

□ 068　肖像権　▶▶▶　自分の容姿を公表されないための権利

自分の顔や姿を公表されたり使用されたりしないための権利だよ。勝手に他の人の写真を撮ったりしちゃダメだね。絵や彫刻などもこれに当たるよ。

例　文化祭でたくさん写真撮るぞ！　だけど肖像権に気をつけて、できる限り人の顔が映らないようにしないと…。

パブリシティ権

▶▶▶ 有名人の名前や顔を商用に使う権利

有名人の写真はみんな欲しがるし使えたらすごいメリットがあるよね！ それを本人が独占できる権利だよ。

> **例** あいつ他校からも人気あるし、もはやパブリシティ権持ってるよな…。

OECDプライバシー8原則

▶▶▶ OECDが作ったプライバシーについての8つの決まり

1980年にOECD（経済協力開発機構）が作った、個人情報保護やプライバシー保護のためのガイドラインだよ。以下の8つで構成されているんだ。

原則1 収集制限の原則：必要な情報だけを集めるということだよ。
原則2 データ内容の原則：正しい情報を扱うということだよ。
原則3 目的明確化の原則：情報の使い道を決めるということだよ。
原則4 利用制限の原則：決められた目的で使うということだよ。
原則5 安全保護の原則：安全に情報を守るということだよ。
原則6 公開の原則：必要な情報を公開するということだよ。
原則7 個人参加の原則：自分の情報は自分でチェックするということだよ。
原則8 責任の原則：情報を間違えたら責任を持つということだよ。

OECDはOrganisation for Economic Co-operation and Developmentの略だよ。

> **例** かいと！ 文化祭でお客さんの情報を取り扱うなら、ちゃんとOECDプライバシー8原則に則らないと！ 個人情報やプライバシーの保護はとても大事だから慎重にしないとね。

□ 071　クリエイティブコモンズ

▶▶▶ <u>作ったものを他の人が自由に使えるようにする規則</u>

自分が作った絵や音楽、文章などを、他の人が気軽に使えるようにするルールだよ。ただし、どんな条件で使えるかは、そのライセンスによって異なるんだ。

例　この校庭の遊具は誰でも使っていいんだ！　クリエイティブコモンズみたいだね。

□ 072　オープンライセンス

▶▶▶ <u>作品をみんなが使えるようにする許可のこと</u>

作品を作者以外の人が自由に使えるように許可することだよ。

例　作ったお菓子のレシピを教えてくれるしアレンジしてもいいって！　まるでオープンライセンスだね。

□ 073　引用（インヨウ）　▶▶▶ <u>他の人の言葉を使うこと</u>

他の人の言葉や文章を使うこと。使うときはその情報がどこから来たのかをはっきりと示す必要があるよ。

例　俺の理論が正しいことを証明するために、有名な先生の言葉を引用したぜ。

□ 074 ### 情報セキュリティ（ジョウホウ） ▶▶▶ 情報の保護

情報の機密性、完全性、可用性を確保することだよ。

例 かいと 「騎馬戦勝つには、味方しか大将にアクセスさせないという機密性と、絶対に大将にダメージを負わせない完全性と、いつでも大将が攻撃に転じられる可用性が必要だ！」
かおる 「多いね…」

□ 075 ### 機密性（キミツセイ） ▶▶▶ 情報にアクセスできる人を制限すること

許可された人だけが情報にアクセスできるようにすることだよ。

例 あの子の心の機密性はガチガチだね。なかなか心を開いてくれないよ。

□ 076 ### 完全性（アンゼンセイ） ▶▶▶ データや情報が完全であること

情報の改ざんや損傷から保護されている状態であること。

例 かいと 「俺はまだ挫折を知らない。完全性を保った心で今日も元気に暮らしている…」
なおや 「記憶が改ざんされているんじゃないのか」

☐ 077 　**可用性** ▶▶▶ いつでも使えること

必要なときに情報が使える状態のことだよ。

例　可用性のある部屋にするために、日々整理整頓と掃除を心がけよっと！

☐ 078 　**情報セキュリティポリシー**

▶▶▶ セキュリティのルールとガイドライン

組織が定める情報セキュリティに関する方針のことだよ。

例　僕らカップルの仲をずっと保つために、お互いのことについての情報セキュリティーポリシーを定めてみよう。知りすぎない方が良いって言うじゃん？

☐ 079 　**情報源** ▶▶▶ 情報の出所

情報の出所や提供元のことだよ。

例　テスト範囲の情報源は先生だよね…。先生の言うことを聞き漏らさないようにしないと…！

□ 080 アクセス制御 ▶▶▶ ユーザーのアクセスを管理

情報やリソースへのアクセスを管理し、権限のあるユーザーだけが利用できるようにするセキュリティ対策のことだよ。

例 あの秘伝の騎馬戦攻略法はラグビー部の部室にある。アクセス制御を解除できれば僕たちは優勝できるのに…。

□ 081 アクセス権 ▶▶▶ ファイルやフォルダに触れる権限

アクセス権は、特定の情報やプログラムを使うために必要な権限。例えば、あるフォルダにアクセスするためにはパスワードが必要だよ。

例 かいと！　その部屋に入れるのは美術部の部員だけだよ！　顧問の先生にアクセス権をもらいに行かないと！

□ 082 不正アクセス ▶▶▶ 許可なくコンピュータに侵入

権限のないコンピュータに、違法にアクセスする行為だよ。

例 勝手に職員室に入るのは、もはや不正アクセスだよ。

□ 083 **不正アクセス禁止法** ▶▶▶ <u>不正アクセスを罰する法律</u>

不正アクセスやコンピュータ犯罪に対する法的規制を定め
た法律のことだよ。

例 他の組の体育祭の戦略を不正に入手するな！ 不正
アクセス禁止法を適用するぞ！

□ 084 **サイバー犯罪** ▶▶▶ <u>ネットワークを使った犯罪</u>

コンピュータやネットワークを利用して行われる犯罪のこ
とだよ。

例 先生にあの手この手でテストの内容を聞こうとし
てるけど、パソコンにアクセスしようとするのは
もうサイバー犯罪だよ。

□ 085 **サイバー攻撃** ▶▶▶ <u>ネットワークを通じた攻撃</u>

ネットワークを通じた攻撃のことだよ。お金や個人情報を
盗んだり、システムを止めたりしちゃうんだ。

例 サイバー攻撃にあわないようにセキュリティソフ
トをダウンロードする。それと同じように騎馬戦
ではしっかり守備も固めておこう。

□ 086 アンチウイルスソフト

▶▶▶ ウイルスやマルウェアからコンピュータを守るソフトウェア

コンピューターウイルスから守るソフト。ウイルスが入らないようにしてくれるんだ。

> **例** 白組は騎馬戦において守備が強すぎる。攻めても攻めても陣地内に入れないんだ。まるでアンチウィルスソフトのようだ。

□ 087 ユーザID ▶▶▶ インターネットでの自分だけの名前

インターネット上で自分を識別するための名前のことだよ。あなただけの特別な名前だよ。

> **例** うちのクラスメイトは全員あだ名があって、まるでユーザIDのようだね。

□ 088 パスワード ▶▶▶ 安全を守るための秘密の言葉

自分のアカウントや情報を守るための秘密の言葉のことだよ。他の人には教えないでね。

> **例** あいつは合言葉を言わないと何も話してくれないよ。まるでパスワードが必要なパソコンみたいだ。

□ 089 **二要素認証** ▶▶▶ ログイン時に2つの方法で確認

パスワードだけでなく、もう一つの方法で安全を確かめることだよ。より安全にするための仕組みなんだ。

例 秘密基地に入る前に、合言葉を言ってから身分証を見せる…。まさに二要素認証だね。

□ 090 **キーロガー** ▶▶▶ キー入力を記録するシステム

キーボード操作をこっそり記録するソフトウェアのことだよ。悪用目的で使われてしまうことがあるよ。

例 かおる「キーロガー見てみたら、矢印キーばっかり打たれてたんだよね…。なんでだろう？」
なおや「かいとがゲームばっかりしてるからだな」

□ 091 **スパイウェア** ▶▶▶ 情報泥棒

コンピュータにこっそりインストールされた後、勝手に情報を盗んでしまうソフトウェアのことだよ。

例 かいと「赤組に潜入して騎馬戦の作戦を聞き出してきたぜ！」
かおる「さすが白組のスパイウェア！」

□ 092 **架空請求** （カ クウ セイ キュウ） ▶▶▶ 実際には買っていないものの請求

実際には買っていないのに、お金を払うように言ってくるウソの請求のことだよ。

例 買ってもいないのに、請求のメールが届いてびっくりしたよ。

□ 093 **ワンクリック詐欺** （サ ギ）

▶▶▶ インターネット上でのクリック一つでお金を要求される詐欺

インターネットで何かをクリックしただけで、お金を払わないといけないと言われる詐欺だよ。

例 あいつのロッカー開けた瞬間、急にお金を払うように言われたんだ。まるでワンクリック詐欺だね。

□ 094 **フィッシング** ▶▶▶ 偽サイトを使って個人情報を盗む行為

偽のメールやWebサイトを餌のように使って獲物である情報を盗む詐欺行為のことだよ。

例 やばい！ 白組のあいつに騎馬戦の作戦をフィッシングされた！ まさかあのホワイトボードが白組が置いたものだったとは…。

34

☐ 095 **ソーシャルエンジニアリング**

▶▶▶ 人の脆弱性を狙ったサイバー攻撃の手段

人を騙すトリックや手法を使ってパスワードや個人情報を手に入れる行為だよ。

例 やばい！ また白組に騎馬戦の作戦を知られた…。今度はソーシャルエンジニアリングだ…。つい話に乗せられてしゃべってしまった…。

☐ 096 **スキミング** ▶▶▶ カードの情報をこっそり盗むこと

クレジットカードなどに記録されている情報をこっそり盗む悪い行為だよ。気を付けてね。

例 あいつに宿題の提出頼んだら、答えをそっくりそのまま写されちゃったんだよ！ まるでスキミングだ。

☐ 097 **マルウェア** ▶▶▶ 悪意のあるソフトウェア

コンピュータやデバイスに害を与えるために設計されたソフトウェア。ウイルス、ワーム、スパイウェアなどがマルウェアに該当するよ。

例 彼の作る問題は難しすぎて頭がこんがらがってしまうよ！まるでマルウェアのようだ…。

□ 098 　トロイの木馬（モクバ）　▶▶▶ <u>変装した悪いソフトウェア</u>

悪意のあるプログラムのこと。有益なように見せかけてコンピュータの中に入ったあと悪いことをするよ。

> **例**　苦手なパクチーが野菜サラダの中に混じっていて間違えて食べてしまった！　まさかトロイの木馬なのか…？

□ 099 　なりすまし　▶▶▶ <u>他人のふりをする行為</u>

インターネット上で他人のふりをすること。本当の本人や情報かどうかを見極めることが大切だよ。

> **例**　かいと　「僕もなおやになりすましてテストを受ければ頭が良くなるのかな」
> なおや「なりすましてもかいとの頭だから、点数は上がらないだろ」

□ 100 　クラッキング

▶▶▶ <u>不正にコンピュータへアクセスしてデータに手を加えること</u>

不正にコンピュータに侵入し、データを盗み出したり、手を加えたりする行為のことだよ。

> **例**　かいと「俺のゲームが勝手にクリアされてる…」
> かおる「クラッキングされてない…？」

☐ 101　**DoS攻撃**（ドス コウゲキ）　▶▶▶　サービスを遮断する攻撃

サーバーにたくさんアクセスすることでサービスやネットワークへの正規のアクセスを邪魔して、利用不能にする攻撃のことだよ。Denial of Service attackの略なんだ。

例　そんなにたくさんのことを一気に話しかけないで！ほぼDoS攻撃だよ！　頭のサーバーダウンしちゃうよ。

☐ 102　**コンピュータウイルス**

▶▶▶　コンピュータに悪影響を与える不正なプログラムのこと

悪意のあるプログラムで、他のプログラムに感染してコンピュータを損傷させたり、データを破壊するもの。

例　あいつ、また不法サイトにアクセスしてる。もはや、自分からコンピュータウイルスに感染しにいっているのか…。

□ 103　チェーンメール

▶▶▶　くさりのように多くの人へ転送されるメール

メールを受け取った人が別の人に送るように誘導することで、くさりのようにたくさんの人に転送されていくメールのことだよ。

例　かおる「昨日、かいとの良いところを追記して他の人に送信しろってメールが届いたの…」
なおや「えっ！俺も！　まさかかいと、チェーンメールを回してるのか！」

□ 104　迷惑メール　▶▶▶　勝手に送られてくるいらないメール

欲しくない広告やウイルスが含まれているかもしれないメールのこと。不審なメールには気を付けてね。

例　突然たくさんのチラシがポストに入ってきて、片付けるのが大変だ。迷惑メールじゃん…。

□ 105　ホワイトハッカー　▶▶▶　サイバー攻撃を防ぐ人

悪質なハッカーに対応するために高度なITを活用する人のことだよ。かっこいいよね。

例　校内のパソコンがウィルスにやられてしまった！　この学校の中に、ホワイトハッカーはいませんか！！

☐ 106 **ファイアウォール** ▶▶▶ <u>コンピュータの守り手</u>

コンピュータに悪いものが入らないように守る壁のようなもののことだよ。ネットの安全を守ってくれるんだ。

> **例** キーパーがあいつだとシュートを全部止めてくれるから安心！　頼れるファイアウォールだよ。

☐ 107 **セキュリティホール** ▶▶▶ <u>セキュリティ上の弱点</u>

インターネットやコンピュータのシステムに、悪い人が侵入するための隙間があること。これがあると、ウイルスや不正アクセスなどの危険が高まるよ。

> **例** この騎馬戦の作戦は、防御に致命的な弱点がある気がする…。危ない、このセキュリティホールをなんとかしないと！

ここで差がつく!!
検索力を身につけよう

検索力ってなんだろう

君は普段インターネットで検索をしているかな？ 何か知りたいことが
あったときには、スマホやパソコンで何気なく検索をしていると思う。
では、他の人が検索をしているところを見て自分と比較したことはある
かな？ あまり意識したことがないかもしれないけど、勉強やスポーツ
と同じように検索も上手な人と下手な人がいる。検索力は、現代社会に
おける大切なスキルの1つなんだ。

検索力は大事なスキル

この本では**「インターネットで知りたい情報を素早く正確に手に入れる
力」**のことを検索力と呼ぶよ。情報に溢れた現代社会では、大抵の情報
はインターネット上にあるんだ。でも、情報がたくさんあるからこそ、
その中から知りたい情報を素早く正確に手に入れることは難しくて、こ
の力があるかないかで人生に差がつくと言っても過言ではないんだ！

検索力は役に立つ

手に入れた情報は自分の知識として蓄えられるから、知識豊富な人にな
ることができるよ。また、手に入れた情報は何かを決断するときの材料
になるから、決断力のある人になることができるよ。さらに、多くの情
報を持っているとその分選択肢の幅も広がるんだ！

検索力が身につくと

検索力は、高校生活での勉強や部活動などの助けになるだけではなく、
大学生の勉強や就活、社会人になってからの仕事にも役立つよ！ また、
勉強や仕事といった真面目な場面だけでなく、旅行やゲームといった遊
びの場面でも大いに役に立って、君の人生を豊かにしてくれるはずだ！！

クイズに挑戦！

いきなりだけど、クイズを出すよ！　君の検索力がどれくらいあるか、
試してみよう！

クイズ

次の画像の作品名と作者を当ててみよう。検索にはGoogleやYahoo!など
を上手く使ってね！

答えは50ページにあるよ。

検索のコツ

作品名と作者を探し当てることはできたかな？　クイズの解説をしなが
ら検索のコツを伝授していくね！

基本は試行錯誤

まず初めに伝えたいことは、「**検索の基本は試行錯誤。すぐに諦めないこ
とが大切**」ということだ。これから色々な検索のコツを紹介していくけど、

これをやれば絶対に上手くいくという方法は残念ながらないんだ。色々な方法を粘り強く試して自分の知りたい情報に辿り着こう！　試行錯誤を繰り返すうちに徐々に検索のコツが身体に染み付いてくるはずだ！

"素早く""正確に"検索するコツ

それでは、次の節からは検索力（＝インターネットで知りたい情報を素早く正確に手に入れる力）について、**"素早く"**と**"正確に"**に分けてコツを伝授していくね！　"素早く"には、たくさんのコツがあるから、初級・中級・上級に分けて紹介していくよ！

素早く〜初級編〜

知りたいことを単語に区切って並べる

検索欄には長い文章ではなく、複数の単語を並べるようにしよう。今回のクイズなら、画像の作品名と作者を調べるために「羽のついた女性がおじぎをしている絵の名前と作者」と検索するのはナンセンスだ。「羽 女性 おじぎ 作品名 作者」というように、単語に区切ってスペースを入れながら並べよう。

前提条件や関連キーワードを加える

前提条件や関連キーワードを加えることで、検索結果を絞っていこう。素早く知りたい情報に辿り着くためには、関係のある情報だけに絞っていくことが大切なんだ。色々な情報が並んでいる中から自分が知りたい情報を見つけるのは大変だからね。今回のクイズなら、「女性」と「羽」というワードだけだと色々な検索結果が出てきてしまう。「絵」という前提条件や「虹色」という羽の特徴、「アーチ」という新たな要素などを加えて検索結果を絞っていこう。

言葉の表現を変える

思うような検索結果を得られない場合は、言葉の表現を少し変えてみる

のも有効だ。今回のクイズなら、「絵」→「絵画」、「羽 女性」→「天使」などと表現を変えてみると検索結果も変わるよ。そういった意味では、語彙力も検索に欠かせない力の1つと言えるね！

素早く～中級編～

英語で検索する

インターネットには世界中の人がアクセスしているから、インターネット上に存在する情報の中で日本語で書かれているものは実はほんの一部なんだ。世界中の多くの人が使う言語である英語で検索することで新たに見つかる情報がたくさんあるよ！　今回のクイズなら、「painting lady angel arch」などと検索してみよう！

この方法を使うためには英語を勉強することはもちろん大切だけど、インターネットを利用して翻訳することもできるね。例えば「絵画 英語」と調べれば「painting」という英単語が分かるし、英語で検索して出てきたWebページの内容を翻訳しながら読むこともできるね！

検索テクニックを使う

検索エンジンやブラウザに搭載された便利な検索テクニックを使えるようになると検索効率が上がるよ！　ここでは、4つのテクニックを紹介するね。

1. OR検索

「A OR B」と検索をすることで、AかBの単語が含まれるWebページを表示してくれるよ。今回のクイズなら、女性の背中についているものが「羽」とも「翼」とも表現できるから「女性 羽 OR 翼 絵画」と検索すると、「女性」「羽」「絵画」を含むWebページと「女性」「翼」「絵画」を含むWebページを表示することができるよ。

2. 除外検索

「-A」と検索することでAを含まないWebページを表示してくれるよ。今回のクイズなら、お題とは違う絵画で『プシュケとアモール』という有名な天使の絵画があるんだけど、この作品についてのWebページばかり出てきて邪魔なときに、「天使 絵画 作者-プシュケとアモール」と検索すると、「プシュケとアモール」を含むWebページを除外することができるんだ。

3. 完全一致検索

ダブルクォーテーション(")でキーワードを挟むことで、そのキーワードに完全一致した単語が含まれるWebページだけを表示してくれるよ。今回のクイズだとあまり活躍の場面がないかもしれないけど、例えば「iPhone 15 犬 ケース」と調べると、iPhoneと15は別のキーワードとして認識されるから、iPhone 14やiPhone 13などのケースも検索結果に出てきてしまうんだ。そこで、「"iPhone 15" 犬 ケース」と検索すると、「iPhone 15」と完全一致したWebページだけを表示できるよ。

4. Webページ内検索

ControlキーとFキー(MacならcommandキーとFキー)を同時に押すと検索窓が出てくるよ。そこにキーワードを入れることで、今見ているWebページ内でそのキーワードの有無や位置を調べることができるんだ。すごく内容が多いWebページだと、Webページを開いてから知りたい情報を見つけるまでにも時間がかかってしまうね。そんなときは、このWebページ内検索を活用しよう！

検索場所を変えてみる

情報を手に入れられるのはWebページだけじゃない。最近はSNSやYouTubeなどにもたくさんの有益な情報が転がっているから、Googleなどの検索エンジンだけでなく、他のアプリでも検索をしてみよう！YouTubeの方が動きがあって分かりやすかったり、地震速報などのリアルタイム情報はSNSの方がたくさん集まっていたりするよ。

AIを活用する

また、最近はChatGPTなどのチャットで質問などをすることができるAIも開発されてきているね。AIを使いこなすことで、さらに効率よく情報を手に入れることができるよ！　AIについては、NEXT STEP 1-2で詳しく紹介するね！

素早く～上級編～

知りたい情報をいくつかのステップに分ける

知りたいことや、やりたいことを直接調べても良い結果が得られないときは、いくつかのステップに分けて検索していくといいよ。

例えば、渋谷駅からマチュピチュまでの行き方を知りたいとしよう。このとき「渋谷駅　マチュピチュ　行き方」などと調べてもなかなか良い情報は得られないはず。この場合、以下のように調べていくと、渋谷駅からマチュピチュまでの行き方を無事に知ることができるよ。

❶マチュピチュがどの国にあるかを調べる→ペルーにあると分かる
❷日本からペルーへの行き方を調べる→飛行機で成田空港を出発し、アメリカで乗り継いでリマ空港に到着するというルートを知る
❸渋谷駅から成田空港までの行き方を調べる
❹リマ空港からマチュピチュまでの行き方を調べる

もし、マチュピチュがペルーにあることをあらかじめ知っていたら、ステップの①を省くこともできるね。このように、知識があることで検索をより効率的に行うことができるから、学校での色々な勉強も大事なんだよ！

ちなみにクイズの例なら、作品名と作者を同時に調べるよりも、まずは作品名を特定して、次に作者を調べるという流れで検索していった方が良いかもしれないね。

検索する中で新たな手がかりを見つける

知識があることで検索を効率的に行うことができるといったけど、知識は検索する中でも身につけることができるんだ。クイズの例なら、色々と検索していくうちに画像のような絵画がどうやら「宗教画」というジャンルらしいということを知るかもしれない。そうすると、「絵画」→「宗教画」とキーワードを変えることでより検索結果を絞ることができるようになるね。

このように検索をしていく中で新たな手がかりを見つけ、それをもとにキーワードを変えたりステップを分けたりしてまた検索するということができるようになったら、君もいよいよ検索マスターだ！！

正確に

自分が知りたいことについて書かれたWebページを見つけても、まだ安心してはいけないよ。そこに書かれた情報に間違いや嘘が含まれていたら意味が無いからね！　実際、最近は意図的に嘘の情報を伝えるフェイクニュースも流行っているから、情報の真偽を自分で見極める力はとても重要なんだ！　では、正確に情報を手に入れるコツを伝授していくよ！

情報源を確認

自分が知りたい情報が書かれているWebページなどを見つけたときは、それがどのような人や機関が書いたものなのか、どこから情報を引用してきているのかなどを確認しよう。

一般的に、国や有名な企業が出しているレポートやデータなら情報の信頼度は高いし、個人が書いているブログや記事なら情報の信頼度は少し低くなるね。また、個人でも実績があったり有名だったり自分が信頼していたりする人の情報と匿名の誰かの情報だと信頼度は変わってくるよね。書いた人や機関の情報は、Webサイトの一番上や一番下、図表の下に書かれていることが多いよ。意識して探してみよう！

情報が新しいものかを確認

情報源と同じくらい大切なのが、その情報がいつ発表されたものかということだ。記事やブログならいつ最終更新された情報か、データやレポートならいつ調査・発表されたものかを確認するようにしよう。たとえ国が発表した正式なレポートだとしても、10年前の情報だったら今の私たちにとっては使えないものかもしれないよね。例えば、パズドラなどのゲームの攻略を調べたいときに、最新ではなく10年前の情報があっても全く参考にならないよね。発表や更新がされた日時もWebページの一番上や一番下に書かれていることが多いので探してみよう！

複数のWebページを見比べる

1つのWebページにしか書かれていない情報よりも、複数のWebページに書かれている情報の方が一般的に信頼度は高くなるよね。そのため、検索して一番上に出てくるWebページだけを見るのではなく、複数のWebページを見比べてみることもとても大切だ。全て同じことが書かれていたら相当信頼して良さそうだし、Webページによってバラバラだったらどれが正しい情報かを吟味しなければいけない。

また、見つけた情報をさらに検索にかけて、他のWebページにも書かれているかを調べることで信頼度をチェックすることもできるね。例えば、英語のリスニングのコツを調べて、5つくらいWebページを見たときに、1つのWebページにだけ「リスニング音声を3倍速にして毎日聴く」というものがあったとする。このときに、「リスニング 3倍速 聴く」などと調べて、同じようなことが書かれているWebページが他にも多く見つかったら、それは効果がある方法である可能性が高くなるし、全然見つからなかったらあまり使えない情報である可能性が高くなるよね。

疑うことを忘れない

最後に注意点を伝えておく！　これまで紹介した方法は**あくまでも情報の信頼度を高める方法で、絶対に正しいと決められるわけではない**。信

頼度が高くても間違っていることはあるし、信頼度が低くても正しいことはある。

でも正しいこともある

匿名の誰かの情報でも、何十年も前の情報でも信頼度が一般的に低くなるというだけで、全く使えないわけではないんだ。「もしかしたら間違っているかも?」と心に留めておきつつ、参考にできることは参考にしていこう! 実際に試せることは試してみることも大切だよ。もし失敗したら別の情報を参考にしていけばいい!

人に聞くことも大事!!

これまで検索の重要性とコツについて紹介したけど、**インターネットで検索するだけでなく、人に直接聞いたり頼ったりすることも忘れてはいけないよ。**自分で考えたり調べたりするよりも人に聞いた方が"素早く正確に"情報を手に入れられることもよくあるんだ。

15分ルール

Googleのあるチームでは「15分ルール」というものがあって、何か問題や疑問が発生したときに**最初の15分は自分自身で考えたり調べたりしてみて、15分経っても解決しなかったら必ず人に聞くように決められている**んだ。

相談しよう

君も勉強などで何か悩みや疑問が出てきたときは、まずは自分で考えたり調べたりしてみるのが大切だけど、なかなか解決しないときはいつまでも独りで抱え込まずに友達や親、先生などに相談するようにしよう!

練習問題

さあ、検索のコツについて理解することはできたかな？ たくさん紹介したから、何度も見返してくれると嬉しい！

最初にも言ったけど、検索力は試行錯誤する中で徐々に身についていくものだ！ 今回紹介したコツを意識しながら、あとは実践あるのみ！ということで、最後にいくつか練習問題を用意したよ。ぜひチャレンジしてみてね！

第一問

下の漢字は何と読む？

第二問

下の画像はどこの国の伝統的な楽器？

クイズ の答え

作品名: 受胎告知

作者: フラ・アンジェリコ

練習問題 第1問の答え

漢字の読み: つた

検索例:「草冠 目 糸 隹」

※隹（ふるとり）は「隼 上の部分」など自分が知ってる漢字から調べると良いよ。

練習問題 第2問の答え

国の名前: スコットランド

検索例:「楽器 布 笛 刺さっている」

※まず楽器の名前を調べて、次にどこの国のものかを調べると良いよ。

NEXT STEP 1-2

新時代がはじまる!
AIを活用しよう

AIってなんだろう

AIってなに?

AIは Artificial Intelligence の略で、「人工知能」という意味なんだ。コンピューターやロボットが、まるで人間のように学んで思考できるすごい技術のことだよ。例えば、スマホで「こんにちは!」って言ったら返事をしてくれるアシスタントや、ゲームの中で自分で考えて動くキャラクター、これらもAI技術が活用されたものだよ。言うなれば、AIは頭が良くて、いろんなことを知っている友達みたいなものだね。

AIができることは、これだけじゃないんだよ。AIはたくさんの情報の中から大事なパターンを見つけ出したり、写真や音の中に何があるかを判断したり、新しいものを作り出したりすることもできるんだ。例えば、自動車に使われているAIは、道路の情報や歩行者の位置情報などを取得して、自動で運転できるようになってきているよ。また、病院で使われるAIは、症状や検査結果などを見て病気を見つけるのを助けたり、どんな治療が適切かを考えたりするのに使われているんだ。それから、音楽や画像を作るAIもあって、プロのアーティストじゃなくてもAIを使って新しい作品や素材を作ることができるようになってきているんだ。

AIを使えるようになると

AIを上手く使えるようになると、私たちの毎日がもっと便利で楽しくなるんだ。まるで、自分専属の優秀な秘書や家庭教師がついてくれるみたいだね! 例えば、宿題で難しい数学の問題に出会った時に解き方を聞けば分かりやすく教えてくれるし、何かアイデアに困った時も候補を挙げてくれたりするんだよ。将来は、医者や建築家、エンジニア、デザイナーなどなど、色々な仕事でAIが使われるようになっていくだろうから、今のうちにAIの使い方を知っておけば、将来役立つこと間違いなしだ。

AIを使ったサービス

AIを使った便利で面白いサービスをいくつか紹介するよ。AIを活用した
サービスは年齢制限があるものや有料のものも多いけど、ここでは中高
生でも使えてなるべく無料のサービスを紹介するね。利用規約の改訂な
どで年齢制限や価格が変わる可能性があるから、サービスを利用する前
に最新情報をチェックしよう。
気になったものがあったら、ぜひ自分で調べて使ってみてね！

文章生成AI

文章生成AIは、文章を自動で作り出すAIだよ。会話をするように質問を
投げかけると、その内容に応じて回答してくれるんだ。ただ暇つぶしに
チャットをするだけではなく、分からないことを質問したり、逆に自分に
問題を出してもらったり、アイデア出しを手伝ってもらったり、文章の
要約や添削をしてもらったり、プログラミングのコードを書いてもらっ
たりと、様々な用途で使えるよ！　文章生成AIには、OpenAI社が開発し
たChatGPTなどのサービスがあるよ。

画像生成AI

画像生成AIは、文章から画像を作り出すAIだよ。例えば、「猫, かわいい, 白色, ごはんを食べている」といった具体的な指示をすると、それに合った画像を作り出してくれるんだ。また、「恐竜, 宇宙, 寿司を食べる」といった現実ではあり得ない設定の画像も生成してくれるよ！　アート作品から実用的なデザインまで、幅広い用途に使えるね！　画像生成AIには、Stability AIが開発したStable DiffusionやOpenAI社が開発したDALL・Eなどのサービスがあるよ。

動画生成AI

動画生成AIは、文章や画像から短い動画クリップやアニメーションを生成するAIだよ。指示したシナリオに基づいて動画を生成したり、SF風などといった特定のスタイルで映像を作ったり、指定した文章を人間が話す動画を作ったりすることができるんだ。動画生成AIには、Runway社が開発したGen-2などのサービスがあるよ。

音楽生成AI

音楽生成AIは、文章から音楽を生成するAIだよ。特定のジャンルやムード、テンポ、時間などを指定して、好みやニーズにあったリズムやメロディを生成できるんだ。音楽生成AIには、Stability AIが開発したStable Audioなどのサービスがあるよ。

AIを使ってみよう!

学校生活の中でもAIを使える場面は多くあるよ。学校でのパソコンやスマホの使用ルールは守りながら、AIを使えそうな場面でぜひ実践してみてね。

アイデア出し

文化祭の企画や模擬店名などをどうしようか迷ったときはAIにアイデアを出してもらおう! 例えば、ChatGPTに「文化祭の企画の面白いアイデアを教えて」と頼むと、ユニークな提案をしてくれるはず。「文化祭の企画の面白いアイデアを10個出して。教室を使ったアトラクションで、小学生でも楽しめるものがいい」といった感じで、質問が具体的であればあるほど答えも具体的で理想に近いものが返ってくるよ。ChatGPTに挙げてもらったアイデアの種を膨らませ、また行き詰まったらChatGPTに質問するというサイクルを繰り返すとどんどん良い企画を作っていけるはずだ!

ポスター・動画制作

学校行事や部活のポスター・動画を制作するときには、画像生成AIや音楽生成AIを使って素材を作ってみよう! 自分で絵を描いたり、インターネットでイラストを集めたりすることができればいいけど、難しいこともあるよね。そんな時は、AIに自分のイメージを伝えて画像を生成してもらおう。一発でイメージ通りの画像が生成されなくても諦めないで! 同じ文章でも繰り返すと別の画像が生成されるし、上手くいっていないところは文章を修正したり追加したりすることでだんだんとイメージ通りの画像が出来上がっていくよ!

添削

国語や英語で作文を書いたときに、AIに添削をしてもらえるよ。ChatGPTに自分の文章を送って、「誤字脱字を訂正して」「文章を分かりやすくして」「スペルや文法ミスをチェックして」などと指示すれば、AIが添削をしてくれるんだ。学校や塾の先生に添削してもらった方が安心ではあるけど、時間がないときやちょっとした文章のときには役立つね!

勉強の仕方を考える

「英単語の暗記をどのようにしていけばいいか」「数学の二次関数が苦手で何から手をつけていいか分からない」など勉強の仕方に困った場合は、AIに相談すると勉強の仕方を提案してくれるよ！ 勉強の仕方に正解はないから、AIの提案を基に実践してみたり、ChatGPTにより詳細な自分の状況を伝えたりしながら、自分に合った勉強方法を見つけていこう！

本書作成裏話～画像生成AIを使ったイラスト作成～

実は、この本で使われているイラストは画像生成AIを使って作られているんだ！ どのように画像を生成していったのかを説明するね！

Adobe Firefly

今回私たちが利用したサービスは、「Adobe Firefly」（アドビ ファイヤーフライ）だよ。このサービスはAdobe株式会社が出しているサービスで、テキストからイメージする画像を生成できるんだ。

Adobe FireflyはAdobeへの登録が必要だけど、無料版もあるからぜひ使ってみてね。Stable Diffusionのように無料で使える同様のサービスもたくさんあるよ！！

プロンプトでイラストを生成してみよう

例えば「制御装置」という単語のイラストを作ってみよう。「制御装置」は伝言係さんのようなイメージだから、誰かに向けて伝言を伝えるようなイラストにしたいなあと思ったんだ。単語帳に載せるイラストだから、背景はごちゃごちゃしてない方がいいなあ、とか。そんなことを全部プロンプトという命令文として伝えるよ。

今回のプロンプトはこちら。

> 伝達をしているチームのリーダーの後ろ姿, 目の前にはチームが聞いている, 手にはメモを持っている, シンプルな背景

生成された画像はこの通り。

雰囲気は似てるけどテイストが異なるイラストが4つ生成されたね！

本に載せるなら統一感があった方が読みやすいから一つの画像を学習させて、この画像のテイストに近いものを作ってもらおう。

学習させるイラストはこれに決めた！

生成されたのはこれ。

イラストのテイストがより絞られた！！！

もう一つ試してみよう！！
「CPU」という単語を説明したい。これは、人間の頭脳みたいな役割だから、脳みそのイラストを作りたいと思ったんだ。

そこでプロンプトに、

脳みそ イラスト

と入れてみたよ！　生成されたイラストはこれ。

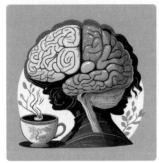

わあ、ちょっと怖いね(笑)。
脳だけでいいのに、人間の顔とかも出てきちゃった！　もっとシンプルにしたいなあ。

やり直し！！　プロンプトはこう。

頭脳, 脳みそだけ, 単色のシンプルな背景

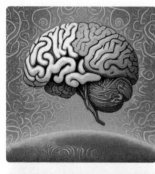
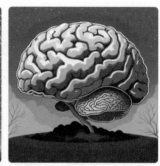

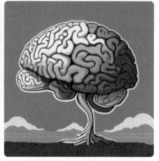

お！　少しシンプルになったね！！

イラストのテイストも絞られるように、理想の画像を学習させよう！
すると…理想の形に！！

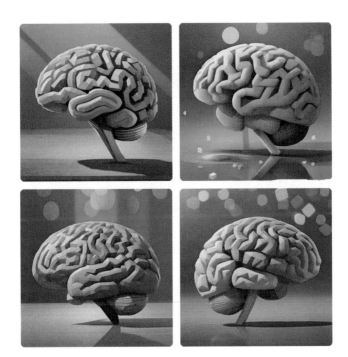

画像を生成するときは、理想の状態を細かくプロンプトに書いてあげることが大切。生成したい物だけじゃなくて、その色や背景、どんなテイストなのかも一緒に指定してあげよう！！

Adobe Fireflyでは参考にしたい画像を学習させたり、どんな色で表現するかを決めたり、どんな構図の画像を生成するかを指定したりできるんだ！

∨ 一致   ⓘ

参照画像ギャラリー 〉

画像をアップロード

自分の参照画像のスタイルを
一致させます

なし	✓
白黒	
寒色	
金色	
単色	
落ち着いたカラー	
パステルカラー	
調色した画像	
鮮やかなカラー	
暖色	
なし	∨

なし	✓
クローズアップ	
ノーリング	
風景写真	
マクロ写真	
窓越しの撮影	
浅い被写界深度	
俯瞰	
あおり	
表面のディテール	
広角	
なし	∨

Adobe Firefly の設定画面

TECHTANの単語に使われているイラストは、全てこの画像生成AIで作成しているんだ！　だからよーーくみると、言葉が言葉じゃなかったり、たまに現実ではありえないことが起こっていたりするから、ぜひ探してみてね！

AIはまだまだ発展途中だけど、自分たちの思い通りに画像を生成できるから、「絵が苦手だけどビジュアルで表現したいなあ」というときにとっても便利だね。

AIの答えは完璧じゃないよ

これまで紹介してきたように、AIは本当に頭が良いけど、間違えることもあるんだ。人間と同じだね。だから、AIが出した答えや画像などをそのまま信じちゃダメ。「本当に正しいかな？」「この画像をそのまま使っても問題はないかな？」とよく考えたり、調べたりすることが大切なんだ。間違いを見つけることも、新しいことを学ぶことも、一緒に考えることも、全部が楽しい学びの一部なんだ！　NEXT STEP 1-1で紹介したことと同様に、AIだけでなく親や先生、友達などに頼ることも大切だね。

AIに依存するわけでもAIを拒否するわけでもなく、AIの強みや弱みをしっかり理解して、上手に付き合っていこう。AIをうまく活用できれば、私たちの生活はより楽しく便利になっていくはずだ！

コミュニケーションと情報デザイン

コミュニケーションと情報デザイン

□ 108 **メディア** ▶▶▶ 情報を伝える方法・手段

□ 109 **マスメディア** ▶▶▶ 大衆に対して発信するメディア

情報を伝える手段になるもの全てをメディアと言うよ。その中でも特にテレビやラジオ、新聞、雑誌などの「マス＝大衆」に対して情報を伝えるメディアはマスメディアと呼ぶんだ。

例 かおる「来月はついに文化祭だね！ どんなメディアで宣伝しようかな…」
なおや「地元の新聞社に宣伝してもらえないか聞いてみよう！」

□ 110 **マスコミ** ▶▶▶ みんなに情報を伝えること

マスメディアが大勢の人に情報を伝える手段なのに対して、マスコミはマスコミュニケーションの略で、マスメディアを通じて大勢の人に情報を伝えることを言うよ。

例 この学校で言うと、学校新聞や校内放送でみんなに伝えることがマスコミに当たるね。

□ 111 　SNS　（エス ヌ エス）　▶▶▶　インターネットで人とつながるサービス

インターネット上のサービスの一つで、人々が自分の思い
や日常、写真や動画を投稿したり、他の人との交流を楽し
む場所のことだよ。例えば、X（旧Twitter）やInstagram、
Facebookなどがあるね。友達や家族とのつながりを深め
たり、趣味の共有を楽しむこともできるね。

例　最近、新しいSNSが流行ってるって聞いたんだけど、もう試して
みた？

□ 112 　発信者　（ハッ シン シャ）　▶▶▶　情報を送る人

情報やメッセージを送り出す人や組織のことだよ。例えば、
ニュース番組のアナウンサーや、SNSの投稿者などだよ。

例　その噂、発信者が誰か知ってる？　信じていいのかな…

□ 113 　発信範囲　（ハッ シン ハン イ）　▶▶▶　情報が届くエリア

情報やメッセージが届けられる対象の範囲のことだよ。テ
レビやラジオは広範囲に、SNSやメールは狭い範囲や特定
の人に向けて情報を送ることができるね。

例　SNSに投稿する前に、ちゃんと発信範囲を確認したほうがいいよ。

☐ 114 **フェイクニュース** ▶▶▶ <u>誤った情報</u>

間違った情報のことだよ。SNSやインターネットで広がり
やすいから、正しい情報か確認することが重要だね。

例　かいと「テストが延期になって助かった〜！」
　　かおる「それはフェイクニュースだよ！　かいと、むしろピン
　　チだよ！」

☐ 115 **メディアリテラシー**

▶▶▶ <u>メディアの情報を適切に理解・評価する能力</u>

メディアの情報を正しく理解し、批判的に読み解く能力だ
よ。偽の情報や偏った情報から自分を守るためのスキルだ
と言えるよ。

例　最近、偽の情報が多くて心配だよね。メディアリテラシーをしっ
　　かり持って、信じる前に確かめる癖をつけた方がいいよ。

☐ 116 **クロスチェック** ▶▶▶ <u>複数の観点で確認すること</u>

複数の情報源や方法で情報を確認することだよ。情報の
正確性や信頼性を確かめるための手法だと言えるよ。

例　そのうわさ本当？　色んな情報源でクロスチェ
　　ックして確かめなきゃ！　一つのところだけ信
　　じちゃダメだよ。

□ 117　**速報性**　▶▶▶　素早く伝わる性質

出来事が起きてすぐに情報が伝わる性質だよ。インターネットのニュースやSNSは、「速報性が高い」と言われることが多いよ。

例　おいおい！　テスト範囲が変わるなんて速報性が大事なのに、掲示板に貼ってるだけじゃ気付けないよ！　抗議しに行くぞ！

□ 118　**同報性**　▶▶▶　多くの人に同時に伝わる性質

多くの人々に同時に同じ情報を伝える性質を指すよ。テレビやラジオのように、たくさんの人が一斉に同じ内容を受け取れるメディアは、同報性が高いとされているよ。

例　全校放送で明日休校だってアナウンスされた！　同報性が高いね！　でも、かいとは寝てて聞いてないんだろうな…。

□ 119　**蓄積性**　▶▶▶　情報を保存する性質

情報を長い時間保存して後から何度も参照できる性質のことだよ。図書館やWebサイトのアーカイブなどが蓄積性が高いとされているよ。

例　かいと「かおるのノートは蓄積性が高いから、テスト前だけど安心して授業中寝られる…zzz」
　　かおる「ちゃんと自分でノートとりなさいよ！」

□ 120 **検索性**（ケンサクセイ） ▶▶▶ 情報を見つけやすくする性質

情報の中から特定のキーワードやトピックを簡単に探し出せる性質のことを指すよ。インターネットでは検索機能を使えるから、書籍などと比べて検索性が高いと言えるね！

例　かおる「苦手な単語に付箋を付けたから、検索性がグッと上がったよ。これでいつでも復習できる！」

□ 121 **双方向性**（ソウホウコウセイ） ▶▶▶ 送り手と受け手がやり取りする性質

一方からだけでなく、双方向から情報のやりとりができる性質のことだよ。SNSやチャットのように、話す側と聞く側の双方が意見や情報を交換できる場合に、双方向性があると言えるよ。

例　先生が新しく使ってる授業アプリ、生徒からも意見を送れる双方向性があるらしいよ。

□ 122 **信憑性**（シンピョウセイ） ▶▶▶ 情報が信じられる度合い

情報や情報源が信頼できるかどうかの度合いのことだよ。事実に基づいているか、正確であるかなどを基に判断されるよ。

例　そのサイトの情報は信憑性あるのかな？　ちょっと怪しそう。

☐ 123　**匿名性**　（トクメイセイ）　▶▶▶　名前を隠すこと

自分の名前や個人情報を隠して、誰か分からない状態で行動することだよ。ペンネームで何かを投稿したり、周りの目を気にせずに投票できたりと良い面もあるけど、誹謗中傷やなりすましなどマイナスの面もあるね。

例　アンケートで名前を書かないようにして、匿名性を高めてみたよ！

☐ 124　**近代郵便制度**　（キンダイユウビンセイド）　▶▶▶　現代的な郵便のシステム

手紙や荷物を効率的に配送するための現代の郵便システムのことだよ。郵便番号や郵便局、配達サービスなどが整備されて、みんなが便利に使えるようになったんだ。

例　今年も年賀状を送るぞ！　ハガキをポストに入れるだけでたくさんの友だちに年賀状を送れるのは、近代郵便制度のおかげなのかな！

☐ 125　**トレードオフ**　▶▶▶　何かを得ると何かを失うという関係

一つのものを得るために、別のものを犠牲にすることだよ。例えば、ケーキはおいしいけど、カロリーが高い。この「おいしさ」と「カロリー」の関係がトレードオフだね。

例　写真を綺麗な状態で残したいけど、画質を上げると容量が増えちゃう…。まさにトレードオフだね。

□ 126 　抽象化（チュウショウカ）　▶▶▶ <u>シンプルにすること</u>

動物

物事の具体的な部分や詳細を省略して、大まかな考えや概念にまとめることだよ。例えば、色々な種類の生き物を「動物」という一つのカテゴリーにまとめることは抽象化と言えるね。

例　物事を抽象化してシンプルに考えることで、別の何かに応用できることもあるんだ。

□ 127 　具体化（グタイカ）　▶▶▶ <u>詳しくすること</u>

ゾウ　ブタ
ヒツジ　ライオン

抽象的な概念や考えを、具体的な形や例にすることだよ。例えば、「幸せ」という抽象的な気持ちを、「家族との楽しい時間」や「好きなものを食べること」として表現することは具体化と言えるね。

例　わからないことがあったら、具体化して伝えると答えやすいって先生が言ってたよ。

□ 128 　可視化（カシカ）　▶▶▶ <u>見えにくいものを見えやすい状態にすること</u>

データや情報を、図や表、グラフなど視覚的な形で表すことだよ。情報が直感的に理解しやすくなるね。

例　テストでいい点が取れた！　去年からの変化をグラフで可視化してみよう！

☐ 129 **構造化**（コウゾウカ） ▶▶▶ 情報をある規則に基づいて整理すること

情報やデータを、ある規則に基づいてそれぞれの関係がわかりやすいように整理して結びつけることだよ。構造化することで、さらに情報やデータを整理しやすくなるし、必要な情報に素早くアクセスできるようになるよ。

例 文化祭当日までにやるべき準備を構造化してみんなに伝えよう。実行委員長としての腕の見せ所だ！

☐ 130 **デザイン** ▶▶▶ 物事の見た目や形、仕組みを考えること

物や情報が使いやすく、見た目にも魅力的になるように、形や色、レイアウトを考えることだよ。Webサイトやポスターはもちろん家具や建物の設計もデザインと言えるね！ 目に見えるものだけではなくて、その物の機能や使いやすさを考えることもデザインと言えるんだ！

例 美術館の椅子、机と一体になってておもしろいし、何よりかわいい！ 見た目も機能もデザインされてるのか…。

☐ 131 **情報デザイン**（ジョウホウ） ▶▶▶ 情報をわかりやすくデザインすること

情報を分かりやすく整えるデザイン手法のことだよ。視覚的な工夫で情報を伝えやすくするんだ。

例 この世界にあるいろいろな情報を僕たちが分かりやすいよう形にして教えてくれる先生はまさに情報デザインのスペシャリストだね。

□ **132** **あしらい** ▶▶▶ 装飾やデザインの細かい部分

デザインをより綺麗に、興味を引くようにするための小さな工夫や装飾のことだよ。例えば、ノートの端にかわいいイラストがあしらってあると、ノートを使うのがもっと楽しくなるよね！

例 先生のプレゼンスライド、あしらいがシンプルで、めっちゃおしゃれだよね！

□ **133** **レイアウト** ▶▶▶ ページの配置のデザイン

文書やWebページ、広告などの情報を配置するデザインの仕方のことだよ。情報が伝わりやすいように見やすさなどを考えるときに必要だね。

例 ポスターのレイアウト考えるのは楽しいなぁ！

□ **134** **トンマナ** ▶▶▶ 色やデザインの全体的な雰囲気

トーン＆マナーの略称で、デザインや色使い全体の印象やスタイルのことだよ。トンマナを統一してあげれば、同じ雰囲気を保ったまま色々なものが作れるんだ。

例 学園祭のポスターを明るくて元気なトンマナで作ってみた！ みんなの注目を集められたし、集客はバッチリのはず…！

☐ 135 ターゲット ▶▶▶ 目標とする人や物

何かを計画したり制作したりするときに、特に意識している対象の人や物のことだよ。例えば、学校のイベントを企画するとき、ターゲットを設定して、どんな生徒に楽しんでもらいたいかを考えるんだね。

例 この学校祭、完全に新入生をターゲットにしてるよね！ 新入生歓迎ムード全開だよ。

☐ 136 ユーザーインターフェース

▶▶▶ ユーザーと直接触れる部分

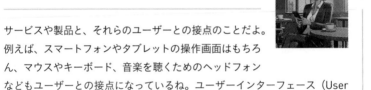

サービスや製品と、それらのユーザーとの接点のことだよ。例えば、スマートフォンやタブレットの操作画面はもちろん、マウスやキーボード、音楽を聴くためのヘッドフォンなどもユーザーとの接点になっているね。ユーザーインターフェース（User Interface）は、一般的にUIと略されるよ。

例 このアプリ、ボタンが押しやすくて色も分かりやすくて、ユーザーインターフェースめちゃめちゃいい！

□ 137　ユーザーエクスペリエンス

▶▶▶　商品やサービスを通じて得られる体験

アプリやWebサイトを使う時の「体験」や「経験」のことだよ。ユーザーエクスペリエンス（User Experience）は、UXって略すこともあるよ。ユーザーが、目的をより簡単に、快適に達成できるものは、良いUXと言えるね！

　図書館の本を自宅のポストから返せたらユーザーエクスペリエンスがいいと思うんだけどなぁ。

□ 138　CUI（シーユーアイ）　▶▶▶　文字で操作する仕組み

Character User Interfaceの略称で、画像やアイコンを使わず、文字だけで操作する仕組みのことだよ。ここでいうキャラクターは「文字」という意味なんだ。コマンドプロンプトやターミナルのように、命令文を打ち込んで操作するのがCUIだよ。

　おじさんが昔使ってたパソコン、画面に文字だけしか表示できないCUIだったらしいよ！

□ 139　GUI（ジーユーアイ）　▶▶▶　アイコンやボタンで操作する仕組み

Graphical User Interfaceの略称で、パソコンやスマホで、アイコンやボタンをクリック／タップして操作する仕組みのことだよ。手で触ったり、マウスでクリックするだけで簡単に使えるのが特徴だよ。

例　かいと「俺、GUIのモノマネできるんだぜ！　なおや見てくれよ！」
　　なおや「パントマイムやん」

□ 140 **NUI**（エヌユーアイ） ▶▶▶ <u>ものを使わずに操作する仕組み</u>

Natural User Interfaceの略称で、キーボードやマウスを使わずに、ジェスチャーや音声など自然な方法でコンピュータと対話する仕組みのことだよ。

例 かおる「最近のスマホは音声で操作できるのすごいよね！　NUIって言うんだって」

かいと「そうなんだ！　なおや、消しゴム拾って」

なおや「はいどうぞ、っておい！　俺はスマホじゃねぇ！」

□ 141 **ユニバーサルデザイン** ▶▶▶ <u>みんなに優しいデザイン</u>

使用する人が誰であっても快適に使えるように設計されたデザインのことだよ。

例 かおる「この椅子ユニバーサルデザインなんだって、宇宙人も座れるのかな？」

なおや「え…？」

　　バリアフリー　▶▶▶　障壁を取り除く考え方や取り組み

障がいの有無に関わらず、誰もが平等に利用できるように
する考え方や取り組みのことだよ。例えば、車椅子用のス
ロープや音声案内など、全ての人が快適に生活や移動が
できるように配慮することを指すよ。

例　新しい校舎のトイレがバリアフリーに対応していて、車椅子に乗
　　ってる友達もストレスなく使えててよかった！

　　アクセシビリティ　▶▶▶　どれぐらい辿り着きやすいか

どれぐらいその情報に辿り着きやすいかの物差しのことだ
よ。

例　黄色い背景に白い文字を書いたら読みにくい。ア
　　クセシビリティが良くないね！

　　ユーザビリティ　▶▶▶　どれぐらい使いやすいか

使用する人にとって、どれだけ快適に使うことができるか
を見るための基準だよ。

例　かおる「水道の蛇口が固くて水が出せないの」
　　かいと「俺はへっちゃらだぜ！　うぐ…、うぐぐ…、ほら！最高
　　のユーザビリティだぜ！」
　　なおや「無理すんなよ」

□ 145　カラーユニバーサルデザイン

▶▶▶　みんなに伝わる色の使い方

色を使って情報を伝えるときに、年齢や性別、文化、障がいの有無などを問わず、みんなにわかりやすいようにするデザインのことだよ。例えば、赤と緑の区別が難しい人もわかりやすいように、情報の表示方法を工夫したりしているよ。

例　この地図はカラーユニバーサルデザインだから、色覚異常の人でも見やすい配色になっているよ。

□ 146　フールプルーフ　▶▶▶　間違いを防ぐ工夫

使い方を間違えてしまうことを防ぐための機能やデザインのことだよ。例えば、USBの差し込み口が一方向しか入らないようになっていることなどがこれにあたるよ。

例　理科の実験、器具の使い方がフールプルーフになってて、初めて使う人でも失敗しづらいんだって！

□ 147　フェイルセーフ　▶▶▶　壊れても安全な工夫

何かの故障やトラブルが起きたときに、安全な状態にするための機能やデザインのことだよ。電車のブレーキが自動でかかるシステムなどがこれに当たる。

例　学校の新しいシステム、何かしらのトラブルが起きてもデータは消えないみたい。フェイルセーフのおかげで安心して使えるね。

□ 148　アフォーダンス　▶▶▶ 物の使い方が分かる特徴

物や道具をどう使えばいいかを教えてくれる、ヒントみたいなものだよ。例えば、ドアに取っ手がついてたら、それを使って開けるんだろうって分かるよね。英語で「与える・提供する」を意味する「アフォード（afford）」から生まれた造語なんだ。

> **例**　このドアの取っ手、押すか引くかすぐわかるよね！
> まさにアフォーダンスがいい感じ。

□ 149　シグニファイア　▶▶▶ 人の知識を使った誘導

物や道具が持っている具体的な意味や象徴、シグナルみたいなものだよ。それによって、何かを表現したり、伝えたりすることができるんだ。

> **例**　先生は怒るとすぐ顔が真っ赤になる。これも一種
> のシグニファイアかな。

□ 150　Webセーフカラー　▶▶▶ 安定して使える色

古いコンピュータやブラウザでも正確に表示される色の組み合わせだよ。Webセーフカラーを使うことで、Webページがどんな環境でも見やすくなるよ。

> **例**　この曲はどの時代でもしっかり映えるな。まるで
> Webセーフカラーのようだ。

□	151	**色の三属性** <small>イロ サンゾクセイ</small>	▶▶▶	色相、彩度、明度のこと
□	152	**色相** <small>シキソウ</small>	▶▶▶	色味のこと
□	153	**明度** <small>メイド</small>	▶▶▶	色の明るさ
□	154	**彩度** <small>サイド</small>	▶▶▶	色の鮮やかさ

色の三属性とは、色を説明するときの三つの要素「色相」「明度」「彩度」のことだよ。これらを組み合わせることで、さまざまな色を表現することができるよ。

色相は、色の種類や名前を示すものだよ。例えば、赤、青、緑、黄色などが色相だね。

明度は、色の明るさや暗さを示すものだよ。白に近いほど「明度が高い」、黒に近いほど「明度が低い」と表すよ。

彩度は、色が鮮やか、くすんでいるかを示すものだよ。鮮やかな赤や、薄いピンクなど、色の「濃さ」や「薄さ」を表現するよ。

例 美術の授業で色の三属性について学んだら、色の組み合わせ方のコツを掴んだ気がする！

□	155	**有彩色** <small>ユウサイショク</small>	▶▶▶	色味がある状態

有彩色

色相、明度、彩度を併せ持つ色のことだよ。わかりやすく言えば、白や黒、グレー以外は全て有彩色なんだ。つまり「色」がある状態を意味するよ。

例 いろんな有彩色を使って、校庭に咲いてる花の絵を描いたよ。

□ 156 　無彩色 (ム サイ ショク) ▶▶▶ 色味がない状態

無彩色

白、黒、グレーなど、本来の「色」がない状態を指すよ。
彩度が最も低い状態とも言えるね！

例 　無彩色をベースに配色したら、上品で落ち着いた印象になった！

□ 157 　色相環 (シキ ソウ カン) ▶▶▶ 色相を円形に配置したもの

色相を円形に可視化したものだよ。どの色相が近いところ
にあるのかがわかりやすいね。

例 　かおる「ポスターに何色を使うか迷うなぁ…」
　　なおや「色相環を見ながら組み合わせを考えてみると何か閃くかも！」

□ 158 　補色 (ホ ショク) ▶▶▶ 対照的な色のこと

補色は、色相環上で正反対に位置する色のことだよ。一緒
に使うと、お互いの色が際立って見えるんだ。

例 　赤と緑を使ったら、補色で際立って目を引く作品に仕上がった！

☐ 159 **類似色** ▶▶▶ 似た色のこと

類似色は、色相環で近い位置にある色同士のことだよ。一緒に使うと、和やかで調和の取れた感じになるんだ。

例 青春がテーマの作品を作るのに青の類似色を使ったら、爽やかな雰囲気になったよ！

☐ 160 **暖色** ▶▶▶ 温かみのある色

赤や黄色など、見る人に暖かさや活動的な印象を与える色のことだよ。暖色を使うと、部屋や作品が明るくて元気な雰囲気になるね。

例 かいと「最近寒いから教室の壁をとりあえず暖色に塗り替えてみた！」
かおる「たしかに暖かい…って、先生に怒られるよ！！」

☐ 161 **寒色** ▶▶▶ 涼しげな色

青や緑など、見る人に涼しさや落ち着きの印象を与える色のことだよ。寒色を使うと、空間が広く感じられたり、心が落ち着いたりするね。

例 かいと「ラムネを飲むと涼しく感じるなぁ」
かおる「そうだね！ 寒色だから、見てても涼しく感じるね」

□ 162 **光の三原色** (ヒカリ サンゲンショク) ▶▶▶ 赤・青・緑の3色

光の色を作るための基本の「赤」「青」「緑」の3色のことだよ。
光を使った全ての色はこの3色の組み合わせでできている
んだ！

例 物理の授業の実験で、赤と青と緑の光を組み合
わせたら白になってびっくりしたよ！

□ 163 **RGB** (アールジービー) ▶▶▶ 赤・緑・青

「Red（赤）」「Green（緑）」「Blue（青）」の頭文字を取った
ものだよ。ディスプレイやテレビなど、デジタルで色を表
示するときの基本の色だよ。

例 かいと「レッド・グリーン・ブルー」
かおる「レッド・グリーン・ブルー」
なおや「…レッド・グリーン・ブルー…って、変なノリに巻き込
むなよ！」

□ 164 **加法混色** (カ ホウ コンショク) ▶▶▶ 光の色を混ぜること

光の三原色（RGB）を組み合わせて新しい色を作る方法
だよ。例えば、赤と緑の光を合わせると黄色の光になるよ
ね。3色すべてを混ぜると白い光になるのも特徴だよ。

例 プロジェクターって加法混色を利用して色を出してるんだって。
色を重ねて新しい色が出るの、ちょっと魔法みたいだよね。

□ 165 **色材の三原色**
シキザイ サンゲンショク

▶▶▶ シアン（水色）・マゼンタ（ピンク）・イエロー（黄色）

絵の具やインクなどの色材を混ぜて色を作るときの基本の
三色「シアン」「マゼンタ」「イエロー」のことだよ。カラー
印刷物で色を表示するときの基本の色だよ。

例 印刷したら色が変だなぁ…。色材の三原色のうち、
どれかのインクがなくなっちゃったのかな？

□ 166 **CMYK**
シーエムワイケー

▶▶▶ シアン・マゼンタ・イエロー・黒

シアン（Cyan）、マゼンタ（Magenta）、イエロー（Yellow）、
キー（Key：黒）の頭文字を取ったものだよ。プリンターで
よく使われる色の組み合わせだね。

例 学園祭のポスター印刷するとき、RGBじゃなくてCMYKで色を設定
しないといけないんだって！

□ 167 **減法混色**
ゲンボウコンショク

▶▶▶ 色彩の色を混ぜること

色彩の三原色（CMY）を組み合わせて新しい色を作る方
法だよ。例えば、青と黄色の絵の具を混ぜると緑色になる
よね。三色すべてを混ぜると黒っぽくなるのも特徴だよ。

例 ねぇ、今日の美術、青と赤混ぜたら紫になるってやったじゃん？
それ、減法混色っていうんだって！

□ 168 　階調（グラデーション）　▶▶▶ 色の変わり方

色の明るさや濃さの変化のことだよ。白から黒に変わる過程や、赤から青に変わる過程など、滑らかに色が変わることを指すよ。デザインやアートで、深みや立体感を出すためによく使われる手法だね。

例　このアート、階調がすごく細かくて綺麗だね。

□ 169 　トーン　▶▶▶ 明度と彩度

色の三属性の中でも、明度と彩度を掛け合わせた考え方のことだよ！「ビビッドなトーン」など色の雰囲気を相手に伝える時にも使えるね！

例　私たちの学校の制服は暗めで落ち着いたトーンだから、もう少し明るい制服に憧れるなぁ。

□ 170 　フォント　▶▶▶ 文字の形やデザイン

TECHTAN　TECHTAN

情報 情報

文字のデザイン・スタイルのことだよ。世の中には形や太さなどが異なるたくさんのフォントがあるから、目的に合わせて選ぶことが重要だね！

例　このレポート、どのフォントを使うと読みやすいと思う？

□ 171 **UDフォント** ▶▶▶ 誰でも読みやすい文字

Universal Design"の略で、障がいの有無に関わらず多くの人が読みやすいようにデザインされたフォントのことだよ。色の識別性や文字の形などが工夫されているよ。

テクタン
テクタン
テクタン

例 かおる「学校の資料がUDフォントに変わって読みやすくなったよね！　どんな人でも読みやすくするための工夫らしいよ！」
かいと「え…全然読めないや…」
なおや「かいとはそもそも漢字の勉強をしような」

□ 172 **等幅フォント** ▶▶▶ 文字幅が同じフォント

全ての文字や記号が同じ幅で表示されるフォントだよ。「A」と「i」みたいに幅が違う文字でも、全て同じ文字の幅で表現するよ。

例 等幅フォントでコードを書くと、文字が揃って読みやすいね！

□ 173 **プロポーショナルフォント**

▶▶▶ 文字幅がそれぞれ違うフォント

各文字や記号の幅が異なるフォントだよ。「A」と「i」みたいに幅が違う文字は、それぞれ違う文字の幅で表現するよ。

例 かおる「プロポーショナルフォントで英語のエッセイを書いてみたら綺麗に仕上がった！　先生も褒めてくれたんだ！」

☐ 174 **可読性** カドクセイ ▶▶▶ <u>読みやすさ</u>

文章や情報が読みやすいかどうかということだよ。フォントの選び方や、背景の色、文字の大きさなどが影響するよ。

例 かいと「読める…読めるぞ…！　可読性が高くて30メートル先の
文字も読めるぞ！」
なおや「かいとの視力が良すぎるだけだろ」

☐ 175 **視認性** シニンセイ ▶▶▶ <u>認識のしやすさ</u>

↖ 出口 A8

50 🔋 AED

パッと見た瞬間に認識して、すぐに理解できるかどうかということだよ。道路の標識などは、見た瞬間に意味が理解できるように視認性が高くデザインされているよね！

例 ゴミ箱にペットボトルのイラストを描いたら、視認性が高くなって、
ペットボトル専用のゴミ箱だってことが分かりやすくなったね！

☐ 176 **判読性** ハンドクセイ ▶▶▶ <u>文字の理解のしやすさ</u>

オー　ゼロ
O と 0

エル　アイ
l と I
小文字　大文字

他の文字と区別しやすいか、読み間違いが起こりにくいかということだよ。例えば数字の0と英語のOの区別がつきづらいフォントは判読性が低いと言えるよね！

例 先生が丁寧に板書してくれるから読みやすいよね！　判読性が高く
て助かるなぁ。

88

□ 177 　**明視性** メイ シ セイ　▶▶▶　図形の理解しやすさ

その図形を見た時に、どれだけ意味が理解しやすいかどうかということだよ。トイレのマークや非常口のマークなどは、見ただけで意味が誰にでも理解できるようになっているから明視性が高いと言えるよね！

例　空港内のマークの明視性が高いおかげで、海外で英語が喋れなくても何がどこにあるのか大体わかるから修学旅行も安心だ！

□ 178 　**識別性** シキ ベツ セイ　▶▶▶　区別しやすさ

そのものが他のものとどれだけ区別しやすいかどうかということだよ。例えば地下鉄の路線図ってとても入り組んでいるけど、色が分けられていてどこにどの路線が通っているのかわかりやすいから識別性が高いと言えるよね！

例　クラスごとにTシャツの色を分けたから識別性抜群だね！　誰がどのクラスなのかすぐにわかるよ！

□ 179 　**誘目性** ユウ モク セイ　▶▶▶　注目されやすさ

文章や情報がどれほど注目されやすいかどうかということだよ。フォントの選び方や、背景の色、文字の大きさなどが影響するよ。

例　全校生徒が校庭にいても、あの派手なTシャツ着てるかいとはすぐに見つけられるよね。彼のファッションセンス、誘目性抜群だよ。

□ 180 **活版印刷** ▶▶▶ <u>文字の型を使って印刷する方法</u>

カッ パン イン サツ

木や金属で作られた文字や絵を使って、インクを塗り、紙に押して印刷する方法だよ。古くから使われてきた印刷技術で、一つ一つ手作業で行うことが多かったけど今は機械化されているよ。

例 歴史の授業で、昔の活版印刷の技術について学んだんだ。手間がかかって大変だったんだろうな…。

□ 181 **DTP** ▶▶▶ <u>コンピュータでデザインと印刷の準備をすること</u>

ディーティービー

DeskTop Publishingの略称で、コンピュータを使ってデザインやレイアウトを行って、印刷物を作成する手法のことだよ。雑誌やポスター、パンフレットなどがこの方法で作られることが多いよ。

例 文化祭のパンフはDTPで作ってるらしいよ！ 先輩たちがPCを駆使してかっこいいデザインにしてるんだって！

□ 182 **図解** ▶▶▶ <u>絵で説明すること</u>

ズ カイ

複雑な内容や情報を、図や絵を使ってわかりやすく説明することだよ。

例 この教科書、図解がすごく詳しいから、難しいところもイメージしやすくて助かる！

☐ 183 **表** ヒョウ ▶▶▶ <u>情報を行や列で整理して見せるもの</u>

情報を整理して、行や列にまとめて表示する方法だよ。比較や一覧を見やすくするために使われるよ。

例 テスト範囲をこの表にまとめてみたんだけど、見やすいかな…？

☐ 184 **グラフ** ▶▶▶ <u>数値やその変化を絵で見せるもの</u>

数値やデータを視覚的に表現するための図だよ。棒グラフや円グラフなどがあって、データの動向や比較を見やすくするために使われるよ。

例 アンケート結果をグラフにしてみたら、みんなの意見の傾向がよく分かっておもしろい！

☐ 185 **ガントチャート** ▶▶▶ <u>進捗管理図</u>

予定や進捗が、時間に対してどれだけ進んでいるかをグラフで見る方法だよ。バーの長さが仕事の進捗状況を教えてくれるよ。

例 夏休みの宿題が多すぎる。ガントチャート使って管理したいくらいだ。

□ 186 **ピクトグラム** ▶▶▶ <u>情報を伝えるイラスト</u>

多くの人が直感的に理解することができるシンプルな絵や
マークのことだよ！ 年齢や言語などの壁を越えて、情報
を伝えることができるんだ。2020年の東京オリンピックで使用されて話題に
なったよね！

例 海外で英語が全然分からなかったけど、ピクトグラムのおかげでト
イレの場所が分かって助かった…！

□ 187 **インフォグラフィックス** ▶▶▶ <u>情報を視覚的に見せるもの</u>

グラフや図、イラストを使って情報やデータを分かりやす
く見せる方法だよ。複雑な情報も視覚的に理解しやすくな
るんだ。

例 地球温暖化のレポートでインフォグラフィックス
を使ったら、分かりやすくなった！

□ 188 **ノンバーバルコミュニケーション**

▶▶▶ <u>言葉以外のコミュニケーション</u>

言葉を使わないで行うコミュニケーションのことだよ。表
情や身振り手振り、姿勢などがこれに含まれるんだ。

例 かいと「先生の顔を見ただけで怒られるって分かったからダッシュ
で逃げてきた！」
かおる「ノンバーバルコミュニケーション能力が高いのね…」

□ 189　**スライド**　▶▶▶ プレゼンテーションや講義で使う、紙芝居のようなもの

プレゼンテーションや授業などで、画面に表示される1枚分のページのことだよ。スライドには絵や文字が書かれていて、話をサポートしたり説明したりするのに使うんだ。

例　先生の講義は絵や図がたくさん使われているスライドだから話していることがイメージしやすいな。

□ 190　**プレゼンテーション**　▶▶▶ 情報や考えを見せて伝えること

考えや情報を他の人に伝えるために、発表やスライドを使って、聞き手にわかりやすく伝える技術のことだよ。

例　明日の授業はプレゼンテーションだ…。準備できてる？

□ 191　**フィードバック**　▶▶▶ 意見や反応のこと

何かをした後にもらう、他人の意見や反応のことだよ。フィードバックを聞いて、改善点を見つけたり、次に生かしたりすることができるんだ！

例　お母さんからフィードバックもらったから新入生代表の挨拶はこれでバッチリ！

☐ 192　**個別型（1対1）**　▶▶▶ 一人が一人に向けて伝える

1対1でやり取りをするコミュニケーションのことだよ。

例　英会話のスクール個別型のレッスンがあるんだって。先生との1対1で、自分のペースで学べるのがいいよね。

☐ 193　**マスコミ型（1対多）**

▶▶▶ 一人がたくさんの人に向けて伝える

1人が情報源となって発信して、複数人が同じ情報を共有するコミュニケーションのことだよ。先生が生徒たちに授業するのはマスコミ型だね！

例　あの委員長、情報発信するときマスコミ型みたいに一方的だよね。

☐ 194　**逆マスコミ型（多対1）**

▶▶▶ たくさんの人が一人に向けて伝える

複数人が情報源となって発信して、1人がそれぞれの情報を受け取るコミュニケーションのことだよ。アンケートは、逆マスコミ型と言えるよね！

例　先生がみんなに質問するとみんなから答えが飛んでくるの、逆マスコミ型みたい。

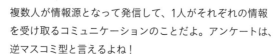

□ 195 **会議型（多対多）** ▶▶▶ みんながみんなに向けて伝え合う

複数人がそれぞれ情報源となって発信してそれぞれが情報を受け取るコミュニケーションのことだよ。みんなでグループディスカッションするのは会議型だね！

例 クラスの話し合い、みんなが意見を言い合ってるからまさに会議型だね。

□ 196 **同期型** ▶▶▶ 同じタイミングで動くこと

動作や情報の交換が同時に行われる方式のこと。例えば、電話のように、話す側と聞く側が同時にコミュニケーションをとる場合のことを指すよ。

例 新しいオンラインゲームやってる？ リアルタイムで友達と一緒に遊ぶタイプで完全に同期型なの！

□ 197 **非同期型** ▶▶▶ バラバラのタイミングで動くこと

両方の動作や情報の交換が別々の時間に行われる方式のこと。例えば、手紙や電子メールのように、送信と受信が別の時間になる場合のことを指すよ。

例 かおる「掲示板は非同期型だから、書き込んでもすぐには返信来ないんだよね。でも時間を気にせず交流できるから好きなんだ」

□ 198 **表現メディア** ▶▶▶ 情報やデータを表現する手段

（ヒョウゲン）

文字や音声、動画など、情報を伝えるための方法のことだよ。絵を描いたり、音楽を作ったり、詩を書いたりすることも、すべて表現メディアの一部なんだ。

例　文化祭でみんなが使った表現メディアは本当に色々あったな〜。俺は漫画を描いたけど、友達はバンドでライブをしたり、ショートムービーを自作したりしてたんだ！

□ 199 **伝播メディア** ▶▶▶ 情報を伝える物理的な手段

（デンパ）

情報やメッセージを他の人に伝えるための物理的な方法のことだよ。テレビや新聞はもちろん、話し言葉、画像、音楽など、人に何かを伝えるために使う全てのものが含まれるんだ。

例　昨日、クラスのLINEグループで試験の延期が伝わったんだけど、それを知らなかった人がいたんだ。伝播メディアはしっかりチェックしないと、大事な情報も逃しちゃうよね。

☐ 200 記録メディア (キ ロク) ▶▶▶ 情報やデータを記録する手段

CDやUSBメモリなど、大切な情報やデータを保管しておくための方法のことだよ。これがあると、いつでも必要な情報を見ることができて便利だね！

例 友達がスマホを水たまりに落として、大事なデータが全部消えちゃったって嘆いてたよ。やっぱり記録メディアは大事だよね…。

☐ 201 通信（コミュニケーション）(ツウ シン)

▶▶▶ 人と人が情報をやり取りすること

人と人とが考えや気持ちを伝え合うことだよ。言葉を使った話し合いや、手紙やメール、SNSやオンライン会議など、様々な方法で行われているよ。

例 最近はオンラインでの通信が主流になってるけど、直接顔を合わせて話すのもやっぱり大切だよね。感情がもっと伝わる気がする。

| □ | 202 | **モールス信号** | ▶▶▶ | 点と線の組み合わせで構成される信号 |

| □ | 203 | **モールス電信機** | ▶▶▶ | 電信を送る装置 |

モールス信号は、点（短い音）と線（長い音）の組み合わせで構成される通信コードだよ。文字や数字を表現できるんだ。米国のモールスが発明したよ。
モールス電信機は、長い音と短い音の組み合わせでメッセージを送る装置だよ。電信でメッセージを遠くまで速く送ることができたんだ。

```
I  ●●
L  ●-●●
O  ---
V  ●●●-
E  ●
Y  -●--
O  ---
U  ●●-
```

例 かおる「かいとからずっと、モールス電信機でツー・ツーって送られてくるんだけど、意味が分からないのよね…」
なおや「どれどれ…っておい、かいとの寝息やないかい！」
かいと「むにゃ？！」

| □ | 204 | **電子メール** | ▶▶▶ | インターネットで送る手紙 |

インターネットを使って、文字や画像、ファイルを送受信する方法のことだよ。一般的に「Eメール」や「メール」とも呼ばれるね。

例 先生から電子メール来た？　テストの結果が書いてあったよ…

☐ 205 　**添付ファイル** （テンプ）　▶▶▶ <u>メールに付けて送るファイル</u>

電子メールなどに付け加えて送るデータのことだよ。画像や書類など様々な種類のデータを送ることができるんだ。

例　昨日お休みしちゃったから、授業のノート添付ファイルで送ってくれない…？

☐ 206 　**宛先(To)** （アテサキ トゥー）　▶▶▶ <u>メールの受取相手</u>

メールや手紙を送る時の、受け取る人のことを言うんだよ。宛先を間違えると、全然違う人に届いちゃうから気をつけようね。

例　先生にメールを送るはずが、間違えて友達に送っちゃった…。宛先をしっかり確認しないとダメだね！

☐ 207 　**CC** （シーシー）　▶▶▶ <u>メールの共有相手</u>

CCは「カーボンコピー」の略で、メールで本来の受取人以外のだれかと共有したいときに使うよ。宛先と同じようにメールが届くんだけど、主要な受取人ではないんだ。

例　クラスの文化祭の出し物についてのメール、先生に送るときCCで学級委員にも送ったよ！　情報共有って大事だからね。

□ 208 **BCC** ビーシーシー ▶▶▶ メールの隠された受取相手

BCC（ブラインドカーボンコピー）は、メールの受取人を
他の受取人に見せないようにする機能だよ。個人のプライ
バシーを守るのに役立つんだ。

例 プライバシーを守るために、クラス全員にメール
を送るときにBCCを使ってみた！

□ 209 **件名** ケンメイ ▶▶▶ メールの主題

メールで何について話しているかを簡潔に示す部分だよ。
メールを開く前に内容の概要が分かるようにするために重
要なんだ。

例 「テスト範囲の変更について」って件名で先生からメールが来た！
これはすぐに確認しないと....！

| ☐ | 210 | **圧縮**
 アッシュク | ▶▶▶ データを小さくする |
| ☐ | 211 | **展開**
 テンカイ | ▶▶▶ データを元に戻す |

圧縮とはデータ量を小さくすることだよ。小さくすることで、
ストレージに空きを作ったり、送受信を効率的にしたりするんだ。
何度も繰り返すデータを1つにまとめたり、不要な情報を削ぎ落とすことでデータを小さくすることができるよ。スーツケースに荷物を入れるときに、なるべく小さく畳んだり袋にぎゅうぎゅうに詰め込んだりすると、より多くの荷物を入れて持ち運ぶことができるようになるよね。これが圧縮のイメージだよ。
展開とは、圧縮したデータをもとに戻すことだよ。旅行先の宿に着いたらスーツケースを広げて荷物を取り出して使うよね。

> **例** なおや「プレゼン資料のデータが大きいから、圧縮して送るね」
> かおる「分かった！こっちで展開しておくよ」

□ 212 　**可逆圧縮** ▶▶▶ 元に戻せる圧縮

□ 213 　**非可逆圧縮** ▶▶▶ 元に戻せない圧縮

逆方向に戻せる圧縮方法を可逆圧縮というよ。逆方向に戻す、つまり一度圧縮したデータを完全に元に戻すことができるんだ。例えば、電話で友達に「AAAAAAAAAA」という文字を書いてもらおうとする。このときに「エーエーエー....」と伝えるのは面倒だよね。「Aが10個」と簡単な形に言い直しても、友達はきちんと「AAAAAAAAAA」と書けるはずだ。このように一度情報を簡単にしても、また元に戻すことができるのが可逆圧縮のイメージだ。

逆方向に戻せない圧縮方法を非可逆圧縮というよ。例えば、音声データを圧縮するときには人間には聞こえない音の情報が消えてしまったりするんだ。消えてしまうから、完全に元に戻すことはできないよね。これが非可逆圧縮のイメージだ！　でも、人間が聴く分には元のデータと実質的に変わらないからOKという感じだね。

例　かおる「メロンパンは一度潰したら戻らないのよ！！」
　　かいと「これが非可逆圧縮か…」

□ 214 　**ランレングス圧縮**

▶▶▶ 同じ値をまとめて、データを小さくする方法

たくさん同じ文字が続いているとき、それを数えて少ない文字で表現する方法のことだよ。例えば、「AAAAABBBCCDAA」は「5A3B2C1D2A」となるんだ。

例　なおや「かいと、同じ言葉を使いすぎて何を言っているかわからないよ。ランレングス圧縮してやろうか！」

□ 215 **オーバーフロー** ▶▶▶ <u>溢れ出し</u>

変数には保存しておけるデータ量の上限が決まっていて、
それを超えるとデータが溢れ出してしまうんだ。このこと
をオーバーフローと呼ぶよ。オーバー（over）は「超える」、
フロー（flow）は「流れる」という意味の英単語だよ。

例 　一夜漬けで脳に詰め込もうとしてもオーバーフローしちゃうよ。

□ 216 **解像度**（カイゾウド） ▶▶▶ <u>画像の綺麗さ</u>

私たちが普段目にしている画像は小さな点が集まってでき
ていると知ってるかな？　テレビやパソコンの画面を虫眼
鏡やスマホカメラで拡大して見てみよう。細かい点が並ん
でいるのが見えるはずだ。一定の面積の中にどれくらいの数の点があるのかを
解像度と呼び、点がたくさんぎっしりと並んでいるほど画像は綺麗になるんだ。

例 　親が小さい頃の写真は、古くて解像度が低いから見づらい。

□ 217 **画素（ピクセル）**（ガソ） ▶▶▶ <u>画像を作る小さい点</u>

デジタルの画像を構成する最小の単位だよ。点の集まりで
画像が形成されていて、1つ1つのピクセルが持つ色の情報
によって、全体の画像が形成されるよ。画素数（点々の数）
が多い方がより鮮明な画像になるよ。

例 　この写真、画素数がすごく多くてめちゃくちゃ綺麗。

☐ 218 **QRコード** （キューアール） ▶▶▶ <u>2次元のバーコード</u>

スマートフォンのカメラや専用のアプリで撮影することで
情報を読み取ることができる二次元コードだよ。広告や商
品など様々な場所で見かけるよね。

例 QRコードのように簡単にあの子の考えていることが読み取れればな。

☐ 219 **dpi** （ディーピーアイ） ▶▶▶ <u>画像の細かさの単位</u>

dots per inchの略称で、簡単に言うと画像の「キレイさ」
の単位みたいなものだよ。例えば、100dpiって画像と
300dpiの画像があったら、300dpiの方がより細かくてキレ
イに見えるんだ。dpiが高ければ高いほど、写真や絵がはっきりキレイに見え
るよ。

例 美術の授業で、高解像度の画像を印刷する時はdpiが高い方が良い
って先生が言ってたよね。300dpi以上がオススメだって。

☐ 220 **ppi** （ピーピーアイ） ▶▶▶ <u>画像の解像度を示す単位</u>

pixel per inchの略称で、画素やディスプレイの解像度を
表す単位だよ。ppiは1インチあたりにどれだけの画素（ピ
クセル）が詰まっているかを示すんだ。ppiの数が多いほ
ど画像が鮮明に表示されるよ。

例 新しいスマホはppiが大きいから、動画がめっちゃ綺麗に見えて最
高！

□ 221 **ラスタ形式** ▶▶▶ <u>点々の集まりでできた画像</u>

画像を正方形の点の集まりで表現することだよ。写真みたいに細かい色の変化を持つ画像に向いているよ。ただ、拡大すると画質が粗くなる欠点があるよ。

例　この画像、拡大するとボケるんだよね。ラスタ形式だから仕方ないか…。

□ 222 **ベクター形式** ▶▶▶ <u>線や形でできた画像</u>

数学的な計算を使って、線や形で画像を表現することだよ。ロゴやイラストなどのシンプルな形のデザインに向いていて、拡大しても画質が落ちない利点があるよ。ただ、写真みたいに細かい色の変化を持つ画像の表現が苦手という欠点があるよ。

例　かいと「なおやの顔をベクター形式で描いたらいくら拡大してもボヤけない！」
　　なおや「俺の顔で遊ぶなよ！」

□ 223 **BMP** ▶▶▶ <u>圧縮されていない画像ファイル</u>

画像ファイルの一種で、ビットマップ（Bitmap）とも呼ばれるよ。JPEGなどと違って圧縮されていないから、容量は大きいけど編集に向いているんだ。

例　編集できるようにBMP形式で写真を送ろうとしたんだけど、ファイルが大きすぎて大変だった…。

□ 224 　GIF（ジフ／ギフ） ▶▶▶ 短いアニメーションを作る形式

複数の画像を連続的に表示することで、アニメーションを作ることができる画像ファイル形式だよ。Webページやメッセージでよく見かけるよ。

> 例　かおるの書いたパラパラ漫画はとても完成度が高いよね。まるでGIFみたいだね。

□ 225 　フレーム ▶▶▶ パラパラ漫画の1枚

私たちが普段目にしている動画はパラパラ漫画のように画像が連続して表示されていることを知っているかな？　このパラパラ漫画の1枚1枚をフレームと呼ぶんだ。

> 例　このアニメは1フレームずつ丁寧に描かれて感動した…。

□ 226 　フレームレート ▶▶▶ 映像の滑らかさ

フレームレートとは、1秒間に表示されるフレームの数のことだよ。この数が多いほど画像と画像の間隔が空かないから映像は滑らかになるんだ。

> 例　映像が少しカクついているな。フレームレートを上げて滑らかにしよう！

☐ 227　**コンピュータグラフィックス（CG）**

▶▶▶　コンピュータで作る絵

☐ 228　**3次元コンピュータグラフィックス（3DCG）**

▶▶▶　コンピュータで作る立体的な絵

コンピュータを使って作られる画像やアニメーションのことだよ。映画やゲームでよく使われていて、リアルな景色やキャラクター、物体を表現できる技術なんだ。その中でも立体的なものを3次元コンピュータグラフィックス（3DCG）と言うんだ！

例　あの映画のドラゴンのシーン、実は全部CGで作られてるんだって。リアルすぎて信じられないよね。

☐ 229　**ビット**　▶▶▶　0か1が入る箱1つ分

ビットはデータ量の最小単位だよ。コンピュータは2進法で数を表すから、0か1が入る箱をたくさん使ってデータを保存するんだ。例えば「1」という数を保存するならこの箱は1つで十分だけど、「3」という数は2進法で「11」と表すから箱が2つ必要になる。この箱を数える単位をビット（bit）と呼ぶよ。

例　2進法で0から3までの数字を表すためには2ビット必要だね！

□ 230 **2進法** ▶▶▶ 0と1だけで数を表す方法

0b0000
0b0001
0b0010
~~0b0011~~

2進法とは0と1の「2」種類の数字だけで数を表す方法だよ。
普段私たちは0から9の「10」種類の数字を使っているよね。
これは10進法というんだ。なぜわざわざ分かりづらい2進
法を使うのだろう？　実はコンピュータの世界は電気のオンとオフの2種類の
状態で成り立っているんだ。だから、数字を表すときにも2種類でどうにか表
すしかないんだね。

例　テストの点数を2進法で表せば高得点っぽく見えるかもしれない！

□ 231 **2の補数** ▶▶▶ 負の数を表すための方法

0と1しか使えないコンピュータの世界で「-3」のような負
の数はどのように表せば良いだろう？　これを解決するた
めの方法が2の補数というものだ。元の数の1と0を入れ替
えて、さらに1を加えると2の補数を作ることができるよ。
例えば、77は2進で表すと「1001101」となる。このとき、
-77は2の補数で「0110011」と表せるよ。

1001101
⬇
0110011

例　それはマイナスの数だから2の補数で表そう！

□ 232 **10進法** シンホウ ▶▶▶ <u>10種類の数字で表す方法</u>

数字を表現する方法の一つで、0から9までの数字を使うんだ。例えば、10や25、987などが10進法で書かれた数字だよ。私たちが日常的に使っている数字の表現だね！

例 10進数だと10歳で年齢が2桁になって大人になった気がしたけど、20歳になったらどんな感じなんだろう…楽しみだな！

□ 233 **16進法** シンホウ ▶▶▶ <u>16種類の文字で数を表す方法</u>

0xa
0xb
0xc
0xd
0xe

16進法は「16」種類の文字で数を表す方法だよ。でも、数字は0から9の10種類しかないから、16進法ではAからFのアルファベットも使うんだ。「10」はA、「11」はB,,,,「15」はFという感じだよ。

例 「A4」とか「B5」を見ると16進法に見えてくる…。

文字や記号をコンピュータが識別できるようにするために、それぞれの文字や記号に割り当てられた番号だよ。UnicodeやJISコードなど、様々な文字コードがあるんだ。

Unicodeは、世界中の様々な文字や記号それぞれに番号を割り当てて管理する仕組みだよ。これにより、異なる言語のテキストを同じ文書で扱ったり、異なる言語間での情報のやりとりがしやすくなるよ。

JISコードは、日本語を含めた様々な文字をコンピュータで使えるように、文字に割り当てた番号のことだよ。特定の番号が特定の文字を意味するんだ。日本の標準としてJIS（日本産業規格）で定められているよ。

Shift JISコードは、JISコードが改良されてできた日本語の文字コードだよ。

ASCIIコードは、American Standard Code for Information Interchangeの略で、英数字などに数値を割り当てた文字コードだよ。128個の異なる文字などを表すことができるんだ。

例 かいと「はじめまして。私の名前は『82A982A282c6』です」
　　かおる「文字コードで話さないで！　私はパソコンじゃない！」

□ 239　**文字化け**　▶▶▶　<u>正しく文字が表示されないこと</u>

文字が正しく表示されないことを言うよ。文字コードが違って、コンピュータが文字をちゃんと理解できないと、変な文字が表示されてしまうことがあるよ。

例　かいとの字は汚すぎて文字化けしているみたいだね。

□ 240　**アナログ量**　▶▶▶　<u>連続した量</u>

□ 241　**デジタル量**　▶▶▶　<u>とびとびの量</u>

個数や日数のようなとびとびの値しか取らない数字で表すような量をデジタル量というよ。一方で長さや重さのように連続した値を取る針で表すような量をアナログ量というよ。デジタル時計は「12:00」の次は「12:01」のように表されてその間の細かい時間は分からないよね。一方で、アナログ時計はその間の時間も表すことができるね。

例　かいと「デジタルだとまだ12:00だから遅刻じゃない！」
　　かおる「教室はアナログ時計だからアウトだよ…」

☐	242	標本化 _{ヒョウホン カ}	▶▶▶	一定間隔で取り出す	
☐	243	量子化 _{リョウ シ カ}	▶▶▶	最も近い数値に変換する	
☐	244	符号化 _{フ ゴウ カ}	▶▶▶	2進数に変換する	

0と1しか使えないコンピュータでアナログな情報を処理するためには、デジタルな情報に変換する必要がある。変換は3つのステップに分かれているんだ。STEP1は連続した値を一定の時間や距離の間隔で大雑把に取り出す作業。これを標本化というよ。間隔が狭いほど元の情報に近くなるから品質が良くなるよ。STEP2は取り出した情報を一定の間隔の値の中で最も近い値に変換する作業をするよ。例えば小数の値を整数に四捨五入するイメージだね。これを量子化というよ。値の間隔が狭いほど元の情報に近くなるから品質が良くなるよ。STEP3は変換した値をさらに2進数に変換する作業。これを符号化というよ。以上の3STEPを踏むことで変換が完了するんだ！

例 録音データを標本化して、細かな数値を量子化して簡単にして、最後に符号化したら完成だ！

☐	245	標本化定理 _{ヒョウホン カ テイ リ}	▶▶▶	復元できる変換の条件

音声のようなアナログ信号をデジタルに変換するとき、どれくらいの間隔で記録すると元のアナログ信号に復元できるかを示した定理だよ。信号を記録することをサンプリング（標本化）と言い、標本化定理はサンプリング定理とも言うよ。CDなどに記録した音声を再生するには、アナログ信号に復元する必要があるから、標本化定理で示された基準を守らなきゃいけないんだ！

例 かいと「録音装置を作ってみたんだけど、再生したら全然違う音になっちゃうんだよね…」
なおや「標本化定理をもとにPCM方式で作れば楽勝だろ？」

□ 246　**標本化周波数**　▶▶▶　変換の細かさ

ヒョウホン カ シュウ ハ スウ

アナログデータをデジタルデータにするときにどのくらい
細かくするかを決めるものだよ！　標本化周波数が大きい
ほど、細かくデジタル化されて画質や音質は良くなるけど、
その分データ量は大きくなってしまうよ。

例　元のデータと比べて音質が悪くなりすぎてるな…。もう少し標本
化周波数を大きくしてみよう！

□ 247　**PCM方式**　▶▶▶　音声データをデジタル信号に変換する方法

ビーシーエム ホウ シキ

標本化定理を応用して、音声データを一定の間隔で記録し
て、その状態をデジタルで表現する方法だよ。PCMはパ
ルス符号変調（Pulse Code Modulation）の略で、アナロ
グな音声をデジタルな情報に変換する手段の一つなんだ。

誰でもデザイナーに!?
デザインはセンスじゃない!

デザイン四原則

「私にはセンスがないしデザインなんて無理だ」とよく思いがちだけど、実はそうではないんだ。デザインの多くは法則や原理に則って作られているよ。「**デザインの四原則**」は、デザインの要素を整理して、分かりやすく伝えるための、「**近接**」「**整列**」「**反復**」「**対比**」のことだよ。

この4つに気をつけることで、伝えたい情報をきちんと伝えられるデザインを作成できるようになって、プレゼンテーション資料の作成などの日常的なシーンでも役立つこと間違いなし!

1. 近接...関係する情報を近くに置いておく

近接とは、**関係する情報をまとめてグループ化すること**だよ。関係するものを集めて、無関係のものとは間隔（スペース）を空けることで視覚的に分かりやすく整ったデザインになるんだよ。

[見比べてみよう!]

次ページの左側の例は、商品画像と商品名の間隔がまばらだったり、食べ物と飲み物がランダムに並んでいるよね。だからパッと見たときにわかりづらくて、ごちゃごちゃした印象を受けるんだ。

それに対して右側の例は、近接が意識されているね。商品画像と商品名がひとかたまりになっていて、食べ物と飲み物を上下分けて配置しているから、すっきりしていてパッと見て情報が伝わりやすくなっているよね。

2. 整列...基準を決めて綺麗に並べる

整列とは、**要素を一定のルールで揃えて配置すること**だよ。全体を見やすく仕上げることができる。横方向の整列には「左揃え」「中央揃え」「右揃え」、縦方向の整列には「上揃え」「中央揃え」「下揃え」があるよ。

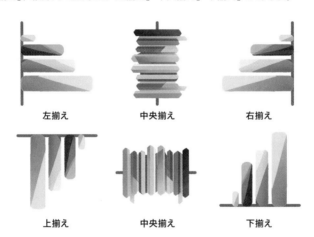

左揃え　　　　中央揃え　　　　右揃え

上揃え　　　　中央揃え　　　　下揃え

[見比べてみよう！]

次ページの左側の例では文字が無秩序に並べられてて、全体的にまとまりがなく見づらい印象だね。それに対して右側の例は、全ての文字が中央揃えになっていて、見やすくなってるよね。

このように要素をある規則（今回の場合中央揃え）に沿って並べることで、すっきりと見やすいデザインを作ることができるんだ。

コミュニケーションと情報デザイン

3. 反復...規則的に繰り返す

反復とは、関連する要素に使う、**色やフォント、アイコンなどを統一**して**繰り返し使う**ことで、デザインに一貫性を持たせることなんだ。また、一度理解したデザイン構造が他の要素にも適用されるから、情報を素早く把握できるようになるんだよ。

[見比べてみよう！]

左の例では、商品画像にイラストや写真をごちゃ混ぜに使ったり、商品名がカタカナだったりひらがなだったりと全体的に雰囲気が統一されていないよね。

それに対して、右側の例では、商品の画像が全てイラストで、色味などの雰囲気（トンマナ）が統一されているね。このように反復を用いることで、全体としてまとまった雰囲気に仕上げることができるんだよ。

 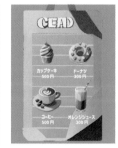

4. 対比...重要な項目を目立たせる

対比とは、**伝えたい部分を目立たせること**なんだ。例えば、ポスターやWebサイトで、特定の言葉や画像を大きくしたり、違う色にしたりすることで、人の目を引きつけて、重要な情報を目立たせることができるんだ。対比を上手に使うことで、伝えたい情報が目に入りやすいデザインを作ることができるんだよ。

[見比べてみよう！]

左側の例は、文字のサイズが全て同じなので、どれが重要な情報なのか、どれを目立たせたいのかがわかりづらいよね。

それに対して、右側の例では、重要な情報ほど文字が大きく、目立つように工夫がされているね。

このように対比を用いることで、情報の重要さにメリハリをつけて相手に伝えたい情報を効果的に届けることができるんだよ。

色の基本

「なんであのポスターは目を引くの？」「どうしてあのイラストはキレイなんだろう？」っていう疑問に答える鍵は、**色選び**にあるんだよ！色を選ぶのは一見難しそうに感じるかもしれないけど、いくつかの基本原則を知るだけで、グッとイケてる色選びができるようになるんだ！発表のためのスライド、部活のポスターなどなど、色の組み合わせを工夫することで、それらがグっと魅力的になるよ！　色の組み合わせで、あなたの創造力をフルに発揮しよう！

色の組み合わせ

印刷してみたら画面で見ているよりも色が暗くなった！って経験ないかな？それは画面で表現できる色の数と、印刷物で表現できる色が違うからなんだ！

RGB

RGBは「Red(赤)」、「Green(緑)」、「Blue(青)」の3色を使って、光を使って色を作る方法。テレビやコンピュータの画面でよく使われているよ。光を足していくから、全部の色を合わせると白になるんだ。

CMYK

一方、CMYKは「Cyan(シアン)」、「Magenta(マゼンタ)」、「Yellow(イエロー)」、「Key(ブラック)」の4色を使って色を作る方法。主に印刷で使われていて、色を重ねることで様々な色を作

るんだ。色を重ねると暗くなるから、全部合わせると黒に近い色になるよ。つまり、RGBは光を使って色を作るから明るく、CMYKはインクを重ねて色を作るから暗くなる傾向があるんだ。それぞれの使い方によって、色の見え方が変わるから、デザインするときは注意が必要だよ。

色の三属性

色の三属性とは、「**色相(しきそう)**」、「**彩度(さいど)**」、「**明度(めいど)**」のことだよ。これらを使って、色に関するさまざまな特徴を表すことができるんだ。

1. 色相(しきそう)

色相は、**色の種類のこと**だよ。例えば、赤や青、黄色などが色相だね。虹の色を思い浮かべてみると、色相が何なのかがよく分かるよ。虹は赤から紫にかけてさまざまな色が連続してるけど、それぞれの色が異なる色相を持ってるんだ。

色相環

色相環は、**色々な色が円形に並んでる図**のことなんだよ。赤、青、黄色みたいな基本の色があって、その間には、これらを混ぜ合わせた色が入ってるんだ。例えば、赤と黄色を混ぜるとオレンジになるでしょ？　そのように、色相環を見ると、色の関係がわかりやすくなるんだ。

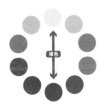

また、色相環を使うと、色を簡単に組み合わせることができるようになるんだよ。例えば、「**補色**」というのは**色相環の反対側にある色**のことで、黄色と紫のように一緒に使うとすごく目立つんだ。アートやデザインで色を選ぶ時に、この色相環を使うと、もっと魅力的な作品が作れるようになるよ！

2. 彩度(さいど)

彩度は、**色の鮮やかさ**を表すんだ。高い彩度の色は鮮やかに、低い彩度の色はくすんで見えるんだよ。例えば、真っ赤なバラは高彩度だけど、灰色に近いピンクは低彩度と言えるんだ。彩度を変えることで、同じ色相でも異なる印象を与えることができるんだ。

有彩色

有彩色は、**色味がある状態**のことだよ。例えば、青や赤、緑みたいな色がはっきりしてるものがこれに当たるね。色がたくさんあると、見る人にも明るい気持ちや楽しい気分を与えることができるけど、その分情報量が多くなってしまうからバランスがすごく大事なんだ！

無彩色

一方で、無彩色は、**色味がない状態**のことだよ。これは、白、黒、グレーみたいに、色彩を持たない色のことだよ。無彩色は、シンプルで落ち着いた雰囲気を出すことができるよ。

3. 明度（めいど）

明度っていうのは、**色の明るさ**を表すんだ。高い明度の色は明るくて、低い明度の色は暗いんだ。例えばね、夏の爽やかな空のような青は明度が高いけど、夜空のような深い青は明度が低いんだよ。明度を変えることで、同じ色相、彩度の色でも、明るい感じや暗い感じを出すことができるんだ。

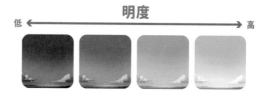

配色のコツ

配色っていうのは、**色を組み合わせること**だよ。服をコーディネートするときみたいに、色の組み合わせが大切なんだ。

1. 使う色は基本的に3色まで！

配色の基本は、**シンプルさを保つこと**だよ。色を3色に絞ると、デザインがはっきりとして、メッセージが伝わりやすくなるんだ。多くの色を使うと、それぞれの色が競合してしまい、見る人を混乱させてしまう可能性があるからね。

バランス

では、どうやって3色を選べばいいのかな？まず、デザインの「主役」となる色を一つ選ぼう。これを**ベースカラー**というよ。これはデザインの中心となる色で、背景や大きなエリアに使われることが多いね。次に、このベースカラーを引き立てるサポートの色を選ぼう。これを**メインカラー**というよ。これは、ベースカラーの次に目立つ色で、デザインの中心となる色だよ。メインカラーは、人の目を引く重要なポイントになるから、慎重に選ぶ必要があるんだ。

最後に**アクセントカラー**は、他の色との差を生み出して、デザインに深みや魅力を加える役割があるよ。

次の図のように、ベースカラー、メインカラー、アクセントカラーをそれぞれ、**70%、25%、5%**の比率で使うと、バランス良く配色できると言われているよ！これらの色を上手く組み合わせることで、見る人に心地よい印象を与えたり、メッセージを伝えやすくなるんだ。配色は、アートやデザインの世界でとても重要な要素なんだよ。

2. イメージから使う色を決める

色選びで重要なのは、**伝えたいイメージや感情を考慮すること**だよ。色にはそれぞれ特有の意味や感情が関連付けられているから、色を使ってメッセージを伝えることができるんだ。

例えば、明るく元気な感じを出したい場合は、オレンジや黄色を使ってみよう。逆に、落ち着いた、プロフェッショナルな印象を与えたいなら、青やグレーを選んでみよう。自然や健康を連想させたいなら、緑や茶色がぴったりだね。

色の選び方には無限の可能性があるから、色々な組み合わせを試して、どんな印象を与えるかを観察してみよう。

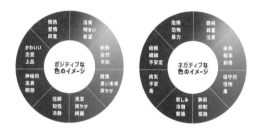

3. 色のトーンを合わせる

トーンは、色の三属性の中の「明度」と「彩度」をまとめた考え方で、色の明るさや暗さ、鮮やかさを指すんだ。トーンの一致は、デザインに統一感とバランスをもたらすよ。また、似たトーンの色を使うことで、デザインに統一感とバランスが生まれ、見る人に心地よい印象を与えることができるよ。

例えば、柔らかい色を使って優しい雰囲気を出したいとき、全ての色をパステルトーンで揃えるといいね。また、強い印象を与えたい時は、ビビッドな色同士を組み合わせると効果的だよ。

4. グラデーションはさりげなく！

グラデーションとは、**色を徐々に変化させていくこと**で、デザインに深

みや動きを加えられる手法だよ。グラデーションは、変化が自然で、なめらかであることが大切。急激な変化よりも、ゆるやかな変化の方が、一般的には見やすく、心地よい印象を与えるんだ。

グラデーションは特に背景に使うと効果的だけど、メインの要素を引き立てるためには、**控えめに使う**(左) のがいいね。目立ちすぎる(右) と、主役がかすんでしまうからね。

HAPPY BIRTHDAY

5. 配色のNGポイント

真っ黒は避けよう

真っ黒っていうのは、光が全く反射しない色だよね。でも、実際の世界には完全な真っ黒ってほとんどないから、見る人に違和感を与えてしまうんだ。**配色するときは、真っ黒を避ける**といいよ。
真っ黒の代わりに何を使うかって？ 例えば深いグレー、濃紺、または他の暗い色を使ってみて。これらは真っ黒よりも自然で、視覚的にもっと魅力的に見えるんだ。

例えば、黒っぽい服を描くときは、深いグレーをベースにして、光が当たる部分を少し明るくすると、リアルで立体的に見えるよ。

純色は避けよう

純色っていうのは、**色の一番鮮やかな状態のこと**。例えば、ビビッドな赤や青などがあるね。でも、これらも現実にはあまりない色なんだ。純色を使うと、作品が不自然に見えることがあるよ。だから、**色を少し調整する**といいんだ。

例えば、少し白や黒を混ぜて、色を柔らかくしたり、他の色を少し混ぜてみるのもいいね。色を混ぜることで、よりリアルで自然な色合いになるんだ。例えば、赤い花を描くときは、少しオレンジやピンクを混ぜると、もっとリアルになるよ。

フォントの基本

日本のフォントは主に「**明朝体**」と「**ゴシック体**」の二つに分けられるんだ。これらは各々特徴があって、使い分けることで文書やデザインの雰囲気を調整できるんだ。

明朝体

明朝体は、**古典的で伝統的な雰囲気を持つフォント**だよ。縦線と横線の太さが違っていて、細かい装飾が特徴的なんだ。本や新聞などの長文でよく使われるよ。読みやすくて、格式のある感じがするよね。

明朝体

情報

ゴシック体

ゴシック体は、明朝体に比べて**シンプルでモダンな印象**があるよ。線の太さが均一で、装飾が少ないんだ。看板や広告、Webサイトなどでよく使われるよ。クールで洗練された感じがするね。

ゴシック体

情報

その他のフォント

「その他」のカテゴリーには、デザイン性を重視したり、特定の用途に特化したフォントが含まれるよ。独特の形をしたフォントや、手書き風、ポップなスタイルなどがあるんだ。クリエイティブなデザインや、特定のメッセージを際立たせたい時に使うといいよ。

フォントの使い分け

これらのフォントは、**それぞれの場面や目的に応じて選ぶことが大事**だよ。例えば、賞状などのキチンとしたものには明朝体を、部活紹介のポスターみたいなカジュアルなものにはゴシック体やその他の個性的なフォントを使うといいね。フォント選びで文章の印象がグッと変わるから、色々試してみるのが楽しいよ！

フォントを使う時のコツ

1. イメージに合うフォントを選ぼう

デザインに合ったフォントを選ぶことは、**伝えたいメッセージの「雰囲気」を決める重要なステップ**だよ。

例えば、楽しくて活発なイベントのポスターなら、明るくて動きのあるフォントがいいね。一方で、ビジネス向けの資料では、清潔感があり

読みやすいシンプルなフォントが適しているよ。下の図のように、フォントの種類によって雰囲気や印象が全然違って見えるよ！

2. フォントの種類を抑える

フォントの種類は多いけれど、全部を使う必要はないんだ。**多くても2～3種類に抑えること**（左）が、デザインのクオリティを高めるコツ。たくさんのフォントを使う（右）と、デザインがまとまりがない印象になってしまうよ。それに、フォントの種類が少ない方が、視覚的にも整理されていて見やすいし、メッセージも明確に伝わるんだよ。

3. 行間、文字間を調整しよう

フォントを使う上で、**行間や文字間の調整**はとっても大事。文字が密集

しすぎると読みにくいし、逆に離れすぎるとまとまりがなってしまうんだ。

右側の例みたいに、少し行間が空いてた方が文章が読みやすいよね！逆に文字間が空きすぎていると、文章のまとまりがなくなって読みづらくなってしまうよね。適切な行間、文字間にすることで、読みやすさと美しさのバランスが取れるんだ。色々試してみて、最適なバランスを見つけてね。

4. フォントサイズに強弱をつけよう

フォントサイズに強弱をつけることも、デザインのクオリティを上げるコツだよ。フォントサイズの強弱とは、大きさの差のイメージだ。
例えば、見出しは大きめのサイズ、本文はもう少し小さめにすると、情報の優先順位が分かりやすくなるよね。サイズの違いで、重要なポイントを強調できるんだ。また、サイズのルールを決めることで、デザイン全体の調和も取れるよ！

押さえておきたい！　ファイルの種類

ファイルというのは、コンピューターやスマートフォンみたいな電子機器に保存されている**一つの情報のカタマリ**のことだよ。

もっと簡単に言うと、ファイルは紙の書類や写真、音楽などを**電子的に保存したもの**だね。みんなが普段から見ている写真や動画などもファイルの一つだよ。ファイルには色々な種類があって、それぞれに違う特徴があるんだ！それぞれの特徴を覚えておくと、最適な種類のファイルで保存することができるよ！

画像ファイル

画像ファイルは、写真や絵といった視覚的なものを保存するファイルだよ。たとえば、デジタルカメラやスマートフォンで撮った写真がこれに当たるね。

JPEG

JPEGはポピュラーな画像形式で、写真の保存によく使われるよ。色の豊富さとリアルな表現が得意なことが特徴だね。

利点：ファイルサイズが小さく、Webサイトに掲載したりメールで共有したりしやすいよ。

欠点：圧縮すると画質が落ちて、元の画質に戻せなくなってしまうよ。

TIFF

TIFFは高画質な画像保存に使われる形式だよ。プロの写真家や出版業界でよく使われるね。

利点：画質が落ちないので、編集や印刷に向いているよ。

欠点：ファイルサイズが大きく、Webサイトでは扱えないよ。

PNG

PNGは透明背景を持つ画像に適している形式だよ。Webデザインによく使われるね。

利点: 背景を透明なまま画像を保存できて、圧縮してもまた展開したときに画質が劣化しないよ。

欠点: JPEGよりファイルサイズが大きくなりがち。

GIF

GIFは簡単なアニメーションに使われる形式だよ。

利点: ファイルサイズが小さく、自動再生にすることもできるよ。

欠点: 色の数が限られているので、細かい色を表現したいときは向かないよ。

WebP

WebPはWeb用に設計された画像形式で、JPEGよりも小さいファイルサイズで高品質な画像を保存できるんだ。

利点: 小さいファイルサイズで高品質な画像が保存できるよ。

欠点: 一部のブラウザや画像編集アプリでは対応していないことがあるよ。使う前に注意が必要だね。

HEIF

HEIFは高効率な画像形式で、特にスマートフォンで撮影した写真の保存に使われることが多いよ。

利点: JPEGと同じくらいの画質でより小さいファイルサイズで保存できるんだ。

欠点: 対応していないデバイスがまだあるんだ。

SVG

SVGはWeb用のベクタ形式の画像だよ。ロゴやイ
ラストに使われることが多いね。

利点: 画像の幅や高さを変えても画質が落ちない
　　　のが特徴だよ。

欠点: 写真や手書きのイラストのような、色の数
　　　やグラデーションを多く必要とする複雑な画像には向かないんだ。

RAW

RAWはカメラで撮影した写真データを加工せず
に保存する形式だよ。プロの写真家がよく使うね。

利点: 後から色々な編集が自由にできるよ。

欠点: ファイルサイズが非常に大きく、開くには
　　　特別なソフトウェアが必要だね。

動画ファイル

動画ファイルは、映画やビデオクリップのように、映像を保存するため
のものだよ。YouTubeで見るような映像も、実は動画ファイル動画ファ
イルとして保存されているんだね。

MP4

MP4は一般的な動画形式で、色々なデバイスで
サポートされているよ。動画や音声、字幕など
を一つのファイルにまとめられるんだ。

利点: デバイスの種類に関係なく、再生やアップ
　　　ロードをすることができるよ。画質に対し
　　　て容量を小さく抑えることができるよ。

欠点: 特に高画質の動画ではファイルサイズが大きくなることがあるね。

AVI

AVIはMicrosoft社が開発した動画形式で、高品質
な動画を保存するのに向いているよ。

利点: 高品質な動画に適していて、様々な動画編
　　　集ソフトが対応しているよ。

欠点: ファイルサイズが非常に大きくなりやすい
　　　んだ。ストリーミング再生に対応していなかったりと機能性に欠け
　　　るところがあるよ。

MOV

MOVはApple社が開発した形式で、特にMacや
iPhoneなどのApple製品でよく使われるよ。高品
質な動画に適しているんだ。

利点: 高品質な動画に適していて、Apple社のデ
　　　バイスとの互換性があるよ。

欠点: Apple社以外の製品では、再生が難しいことがあるよ。

音声ファイル

音声ファイルは音楽や声、その他の音を保存するためのファイルだよ。
スマホで聴く音楽や、ポッドキャストのエピソードも、音声ファイルとし
て保存されているんだ。

MP3

MP3は人気のある音声ファイル形式で、音楽プレ
イヤーやコンピューター、スマートフォンなどで
広く使われているよ。

利点: ほとんどのデバイスで再生できて、ファイ
　　　ルサイズが小さいから共有しやすいよ。

欠点: 圧縮することによって音質が多少落ちることがあるね。

WMA

WMAはMicrosoft社が開発した音声ファイル形式
で、MP3に似ているけど、異なる圧縮技術を使っ
ているんだ。

利点: ファイルサイズを小さくしつつ、一定の音
　　　質を保つことができるよ。

欠点: Macなどのデバイスでは対応していないことがあるね。

AAC

AACはMP3より新しい音声形式だよ。高い音質を
保ちつつ、ファイルサイズを小さくすることがで
きるんだ。

利点: ファイルサイズが小さい分、容量が限られ
　　　ているデバイスだったり、メールでやり取
　　　りするときに便利だね。

欠点: MP3ほど普及していないから、対応していないデバイスがあるよ。

FLAC

FLACは「ロスレス」音声圧縮形式で、音質を落と
さずにファイルサイズを小さくできるよ。音楽愛
好家やオーディオのプロフェッショナルに人気だ
ね。

利点: 圧縮しても元々の音質を保つことができる
　　　よ。

欠点: ファイルサイズがMP3よりも大きいんだ。また、対応しているデ
　　　バイスが限られているよ。

真似して使える!
デザインを使いこなそう!

ちらしを作ってみよう!

NEXT STEP2-1「デザインはセンスじゃない!」では、デザインをする
上での基礎的な知識をたくさん学んだよね。この節「デザインを使いこ
なそう!」では、前節で学んだ知識を使いながら、実際にデザインを作
ってみるよ。

「デザインについての知識は身についたけど、いざ作ろうとするとどうす
れば良いか分からない....」という君でも、順に作っていけばデザインを
使いこなせるようになること間違いなし!ここではちらしを作っていくけ
ど、デザインをするときの基本的な流れは他のもの(Webサイトやバナ
ー、ロゴなど)も同じだから、ぜひ参考にしてみてね!

ちらしを作る目的をはっきりさせるところから始めて、レイアウトを考え
てデザインを作り切るところまで、一連のステップを分かりやすく解説
するよ!

デザインは作った分だけどんどん上達していくから、ちらしに限らずい
ろんなデザインを作ってみて、デザイン力をどんどん上げていこう!

アイデアを考えよう!

目的をはっきりさせよう

チラシを作る最初のステップは、何を伝えたいかを明確にすることだ。
この段階で、チラシの目的をはっきりさせよう。イベントの告知?部員
の募集?それともサービスの紹介?などなど、チラシを作る目的を考え
てみよう!

例
・生徒会役員選挙のお知らせ(投票してもらいたい)
・部員募集のお知らせ(部活に入ってもらいたい)
・文化祭のチラシ(文化祭に来てもらいたい)
・体育祭のチラシ(自分の組を応援してほしい)

NEXT STEPでは、例として「生徒会選挙のお知らせ(投票してもらいたい)」を作っていくよ!

ターゲットを決めよう

目的が決まったら、どんな人にチラシを見てほしいのか、その人たちはどんな情報に興味を持つのかを考えてみるといいね。このデザインを届ける相手のことを「ターゲット」と言ったよね!ターゲットはなるべく具体的にしよう!例えば幼稚園生の子に届けるチラシと、高校生に届けるチラシのデザインはもちろん、言葉遣いだったりも変わってくるよね!ターゲットを具体的にしておくと、おのずとデザインの方向性が見えてくるよ!

例
・自分の学校に通っている高校1、2年生
・入学したばかりの新入生
・受験生(小学校6年生)

NEXT STEPでは、「生徒会選挙のお知らせ」のチラシを作るので、ターゲットは「自分の学校に通っている高校生」にするよ!

チェックしよう
● チラシ作成の目的は決まった?
● チラシを届ける相手(ターゲット)は決まった?

載せる情報を考えよう!

必要な情報をリストアップしてみよう

チラシにどんな情報を載せるかを決めていこう。どんな情報が必要かな? 例えば、イベントのチラシなら、イベントの名前、日時、場所、参加方法、連絡先などが必要だよね。サービスの紹介なら、サービスの内容、特長、料金、利用方法、連絡先などを考えてみよう。情報をリストアップするコツは、チラシを見る人が知りたい情報が何かを考えることだよ。

例

・学校祭の日程と場所

・部活動の練習日時

・新商品の価格や特徴

NEXT STEPでは、「生徒会選挙のお知らせ」のチラシを作るので、「生徒会選挙のお知らせ」という文字、選挙の日程、キャッチコピー、投票場所をチラシに載せてみるよ!

情報を整理して優先順位をつけよう

全ての情報をリストアップしたら、次はそれらの情報を整理してみよう。どの情報が最も重要か、どの情報を控えめに載せるかを考えて、優先順位をつけてみよう。例えば、イベントのチラシで大切なのは「いつ」「どこで」「何が」行われるかだよね。これらの情報は目立つようにデザインしてみると、それらの情報が伝わりやすくなるよね!

例

・イベントの日時(一番重要)

・場所

・イベントの内容

NEXT STEPでは、「生徒会選挙2024という文字 > 選挙の日程 > キャッチコピー > 投票場所」の順番で優先度を付けるよ!

チェックしよう

- チラシに載せる情報はリストアップできた?
- 情報の優先順位は決まった?

トンマナを考えよう!

目指したい雰囲気を言語化してみよう

チラシのデザインを始める前に、どんな雰囲気を目指すかを考えてみよう。例えば、「楽しくてワクワクする感じ」、「かっこよくてスタイリッシュ」、「優しくて温かみのある雰囲気」などなど、目指す雰囲気を言葉にしてみるんだ。こうすることで、デザインの方向性がより明確になるよ!

例

・学園祭のチラシはカラフルで楽しい雰囲気
・スポーツ大会のチラシはダイナミックでかっこいい雰囲気

NEXT STEPでは、硬すぎずポップな雰囲気にしてみるよ!

参考にしたいデザインを集めてこよう

次に、参考にしたいデザインを集めてみよう。インターネットや雑誌、ポスターなど、いろんなところで素敵なデザインが見つかるはずだよ。気に入ったデザインを見つけたら、それらを集めて、どんな要素を自分のチラシに活用できるか考えてみよう。見つけたらデザインからインスピレーションを得ることが大切だよ! 参考にしたいデザインを最低でも10個は集めてみよう! チラシに限らず、いろんなデザイン(Webサイトやバナー、本など)を集めてもOKだよ!

例

・他の学校の文化祭チラシ
・お気に入りのアーティストのコンサートポスター

NEXT STEPでは、次のようなデザインにしてみるよ！

※ここでは著作権の関係上、AIで生成した画像を参考にしているよ！

チェックしよう

- 目指したいチラシの雰囲気は言語化できた？
- 参考にしたいデザインは集められた？

色とフォントを決めよう！

色を決めよう

チラシの印象は色によって大きく変わるよ。色を選ぶときは、チラシの目的やターゲット、トンマナに合った色を選んでみよう。明るい色は元気で楽しい雰囲気を出すし、落ち着いた色を使うとシックで落ち着いた印象になるよ。色の組み合わせも大切だから、2～3色を選んでバランスよく使おうね。例えば、文化祭のチラシならカラフルな色合い、学習塾のチラシなら青や緑の落ち着いた色がいいかも！

例

・学園祭のチラシにはオレンジと黄色
・部活動の募集チラシには赤とオレンジ

NEXT STEPでは、赤と黄色をメインで作成してみるよ！

フォントを決めよう

フォントを選ぶときは、読みやすさとデザインの雰囲気に合っているかを考えてみよう。見出し用のフォントは目立つもの、本文用のフォントは読みやすいものを選ぶといいよ。また、フォントの種類が多すぎるとごちゃごちゃした印象になるから、2〜3種類に絞るのがおすすめだね。フォントもチラシの雰囲気に合わせて選ぶと、全体のデザインが引き立つよ！

例
・文化祭チラシの見出しには大きなデザインフォント
・体育祭チラシの本文にはシンプルなフォント

NEXT STEPでは、次のフォントにするよ！
※文字情報が少ないから1種類にしているよ。

生徒会選挙
2024

チェックしよう
• チラシの目的や雰囲気に合った色は決まった？
• 見出しと本文用のフォントは決まった？

レイアウトを考えよう！

情報を配置してみよう

重要な情報は目立つ場所に、詳細な情報は読みやすいように配置しよう。

レイアウトを考えるときは、チラシを見る人が自然と情報を追えるように工夫することが大切なんだ。写真やイラストも上手く使って、情報を引き立てよう。全体がバランスよく、すっきり見えるようにしようね。レイアウトを考える時は、いったんは抜いて、白黒のブロックで構成するとわかりやすいよ！

例
・イベントの名前は大きくて目立つ場所に
・日時や場所はすぐに見つけられるように

NEXT STEPでは、次のようなレイアウトにするよ！

チェックしよう
• 重要な情報は目立つ位置に配置されてる？
• レイアウトはバランス取れてる？

内容を入力しよう！

具体的な情報を入れてみよう

レイアウトが決まったら、具体的な情報を入れていこう。ポイントは、正確でわかりやすい表現にすることだよ。イベントの日時や場所、参加方法など、入力する内容を明確にしておこう。サービスの紹介なら、そ

の特長や利用方法を具体的に書いてね。

例

・文化祭の開催時間
・部活動の練習日程

NEXT STEPでは、次のように情報を入れてみたよ！

読みやすいように調整しよう

具体的な情報を入れたら、次は読みやすさを確保しよう。文字の大きさや色、行間などを調整して、情報をスムーズに読めるようにしよう。大事な情報は大きめの文字で、詳細情報は小さめの文字でバランスをとるといいね。

例

・メインのイベントの案内は大きな文字で
・細かい注意事項は小さな文字で

チェックしよう

• 入力された情報は正確でわかりやすい？
• チラシは全体として読みやすい？

デザインに個性を出そう!

あしらいを入れてみよう

チラシの個性を出すために、さまざまな装飾やデザイン要素を試してみよう。例えば、枠線や背景に特徴的なパターンを使ったり、イラストや写真を使ったりしてみよう。ただし、あしらいは控えめにして、重要な情報が隠れないように気をつけてね! また、学校のイベントや文化祭のチラシなら、学校のシンボルやマスコットをさりげなく入れるのもいいね。個性を出すことは大切だけど、読みやすさと情報の明確さを損なわないようにバランスをとることが大切だ。

例

・学校祭チラシには学校のロゴやマスコットを角に小さく入れる
・部活動の募集チラシにはその部活動の写真やイラストを背景に薄く使う

バランスを整えよう

装飾やデザイン要素を加えたあとは、全体のバランスを見直してみよう。デザインの要素がチラシの目的やメッセージを隠してしまっていないか、読み手が自然に情報を追えるようになっているかを確認しよう。バランスが取れているデザインは、情報が際立って、より効果的に伝わるんだ。例えば、イラストや写真があまりに大きいと、本文の情報が読みにくくなる可能性があるから、サイズや配置には特に注意しよう!

例

・メインのイベント情報は大きく目立つようにする
・装飾は情報を邪魔しないように配置する

チェックしよう

• チラシに個性的な装飾やあしらいは加えられた?
• デザインの全体的なバランスは取れてる?

校正して、完成させよう!

文章に誤りがないか確認しよう

チラシの文章に誤字脱字がないか、しっかりチェックしよう。日付や時間、連絡先など、特に重要な情報に誤りがないかを確認しよう。また、文章の表現が目的に合っているか、ターゲットに適切な言葉遣いになっているかも見直してみてね。友達や先生にもチェックしてもらって、意見を聞くのも効果的だよ。他の人からのフィードバックはとても役立つんだ。

例
・イベントの日付や時間の確認
・部活動の連絡先の確認
・友達に読んでもらって意見を聞く

デザイン全体をもう一度見直そう

文章のチェックが終わったら、レイアウトや色、フォントなど、全体を確認しよう。使っている色や選んだフォントがチラシの目的やメッセージに合っているか、情報を効果的に伝えているかを確認しよう。全体として一貫性を保ち、目的に適したデザインになっているかが重要だよ。最後のチェックで全てを整えたら、素敵なチラシの完成だ!具体的なチェックリストを置いておくから自分が作ったチラシを見比べながら確認してみてね!

例
・色のバランスやフォントの読みやすさの再確認
・情報が目立つようなレイアウトになっているかチェック

[デザインチェックリスト]
・文字
□ 文字のサイズに一貫性がある?
□ 文字の行間や文字間は読みやすい?

□ フォントの種類、使いすぎてない？
□ フォントの雰囲気はチラシの目的に合ってる？
□ 文章に誤りや不適切な表現はない？

・色
□ 真っ黒使ってない？
□ 純色使ってない？
□ 色の数使いすぎてない？
□ 背景色と文字色のコントラストははっきりしてる？
□ 配色の雰囲気はチラシの目的に合ってる？
□ 印刷時に色が変わらないか確認した？

・レイアウト
□ 必要な情報が全て含まれてる？
□ 情報の優先度は決めた通りになってる？
□ 窮屈な印象になってない？

・その他
□ 画像の画質は粗くない？
□ デザイン全体はチラシの目的やメッセージに合ってる？

印刷仕様を確認しよう！

CMYK設定を確認しよう

印刷する場合、特に色の設定に注意が必要だよ。デザインソフトで作成するときは、CMYKカラーモードで作成することが大切。CMYKモードでは、実際に印刷したときに近い色で表示されるんだ。RGBモードでデザインしてしまうと、印刷するときに色が想定通りに出ないことがあるから、とっても大切なポイントだよ。

例

・デザインソフトの設定をCMYKモードに変更
・印刷所の指定に合わせた色設定に変更

解像度と余白の設定に注意しよう

最後に、チラシの解像度と余白の設定を確認しよう。解像度は一般的に300dpiが推奨されるけど、印刷所によって異なることもあるから事前に確認してね。また、余白の設定も大切。特に、印刷するときに切り落とされるかもしれないエリアに重要な情報を載せないように気をつけよう。これらの設定を確認しておくと、印刷時の思わぬトラブルを防げるから、最後の最後まで注意してね！

例

・解像度を300dpiに設定
・余白に重要な情報が入らないようにレイアウトを調整

チェックしよう

● チラシのCMYK設定は適切かな？
● 解像度と余白の設定は印刷に適しているかな？

実際にみんなに見せてみよう！

みんなに感想やフィードバックをもらおう

チラシが完成したら、友達や先生、家族など、まわりの人たちに見せてみよう。みんなからの感想やフィードバックは、チラシをブラッシュアップするための貴重な情報になるんだ。例えば、「この部分がわかりにくいよ」「この色合いがすごく合ってるね！」など、具体的な意見は今後のデザインに役立つよね！自分とは違う視点からの意見を聞くことで、自分では気づかなかった点に気づけるんだ。

例

・クラスの友達に見せて、どの部分が一番目を引いたか聞く

・先生には文章の表現について意見をもらう

より改善してみよう

他の人からの意見を聞いたら、それらをもとにチラシを改善してみよう。もし、何か具体的な改善点があったら、まずはそれを修正してみるといいよ。また、いろんな人の意見を聞いて、もっといいアイデアが浮かんだら、それを取り入れてもいいね。チラシは常に改善できるものだから、積極的に、フィードバックを受け入れて、より魅力的なチラシを目指そう！

例

・読みにくいと言われた文字のサイズを大きくする

・もっと目立たせたい情報に色を加える

チェックしよう

● チラシに対する他の人の意見を聞くことができた？

● 改善点は見つかった？それをどのように反映させた？

NEXT STEPでは、次のようなチラシのデザインが完成したよ！

これまでの10のステップを繰り返していくことで、どんどんデザイン力が身についていくよ。特にステップ10の「実際にみんなに見せてみよう！」の部分が一番大事なんだ！デザインのPDCAサイクルをどんどん回して、たくさんデザインを作っていこう！

☐ 248 **コンピュータ** ▶▶▶ 計算を自動でする機械

情報を指示通りに自動で計算 / 処理してくれる機械のことだよ。個人用のものはパソコン（Personal Computer / PC）というね。

例 あいつは計算のスピードも質もすごいしもはやコンピュータだよ。

☐ 249 **ハードウェア** ▶▶▶ コンピュータの目に見える部分

キーボードやディスプレイ、マウスなどのコンピュータの目に見える部分のことだよ。人間に例えると腕や足などの動作をする身体に当たる部分だね。

例 もっと速く走りたいのに私のハードウェアが言うことを聞かない...。

☐ 250 **ソフトウェア** ▶▶▶ コンピュータの目に見えない部分

ハードウェアの動き方を決めるコンピュータの目に見えない部分のことだよ。人間に例えると脳からの指令に当たる部分だね。

例 良い筋肉がついているのに有効に使えるソフトウェアがない...。

□ **251** **デバイスドライバー**

▶▶▶ ハードウェアとソフトウェアの橋渡し

コンピュータのハードウェアとソフトウェアが円滑に連携できるようにするプログラムのことだよ。プリンタやマウスなど、さまざまな機器に必要なんだ。

(例) かおるはこのクラスがちゃんと動くように、いろんな人への橋渡しをしてくれている。まるでデバイスドライバーだな。

□ **252** **制御装置** (セイギョソウチ) ▶▶▶ 伝達係

OSの命令にしたがって、他の装置に指示を出す伝達係のような役割があるよ。

(例) 学級委員長は先生の言いなりで単なる制御装置なんだよな…。

□ **253** **演算装置** (エンザンソウチ) ▶▶▶ 電卓

命令に従って計算や処理をする電卓のような役割があるよ。

(例) かいと「俺にも演算装置があれば計算ミスをしなくて済むのに…」
かおる「コツコツ頑張ろ！」

03

コンピュータとプログラミング

149

□ 254 **記憶装置** （キ オク ソウ チ） ▶▶▶ <u>メモ帳</u>

データや命令を記憶するメモ帳のような役割があるよ。

例 記憶装置が壊れちゃってるから、今日の単語テストは点取れないか
もしれない！

□ 255 **入力装置** （ニュウリョクソウ チ） ▶▶▶ <u>コンピュータの入口</u>

外からコンピュータに情報や命令を送る入口の役割がある
よ。キーボードやマウスなどが入力装置の例だね。

例 パソコンの入力装置が壊れてるせいでレポートを書けませんでした！

□ 256 **出力装置** （シュツリョクソウ チ） ▶▶▶ <u>コンピュータの出口</u>

コンピュータから外に情報を送る出口の役割があるよ。ディ
スプレイやプリンターが出力装置の例だね。

例 かおる「この問題分かる人〜？」
かいと「はい！　くぁwせdrftgyふじこlp（やべ、出力装置が追い
ついてなくてめっちゃ噛んだ…）」

□ 257　**CPU（中央処理装置）**　▶▶▶　頭脳

CPUはコンピュータの中で色々な計算や処理などをする頭脳のような役割があるよ。性能の良いCPUを使うと、コンピュータがより速く動くよ。

例　かいと　「計算ミスが多いのは俺のCPUの性能が低いせいだ」
　　かおる　「コツコツ頑張ろ！」

□ 258　**レジスタ**　▶▶▶　一時的に記憶する装置

コンピュータが高速にデータを処理する際に、一時的にデータを保管する場所。計算の途中結果や特定の情報を素早くアクセスできるようにしているんだ。

例　かいとはまた一夜漬けでテストに挑むらしい。レジスタをフル活用してなんとか間に合うといいけどね。

□ 259　**クロック周波数**　▶▶▶　CPUが1秒間に振動する回数

コンピュータの中で行われる動作や計算が1秒間に何回行われるかを示す数値のことだよ。クロック周波数が高いほど、コンピュータの処理が速いんだ。

例　なおやは教科書に書かれている内容をすぐに理解してものにしてしまう。クロック周波数が高いみたいだね。

□ 260 **丸め誤差** ▶▶▶ <u>数字の桁を省略することによる誤差</u>

（マル　メ　ゴ　サ）

計算するときに、実際の値とコンピュータが計算した値が少しずつずれてしまうこと。これは、小数点以下の数字を扱う際によく起こることだよ。

例　なおや「かいと、この部分計算ミスしているよ」
　　かいと「丸め誤差みたいなもの！　気にしないで！」

□ 261 **OS（オペレーティングシステム）** ▶▶▶ <u>監督</u>

（オーエス）

OSは様々な作業を担当者にお願いして管理する監督のようなものだよ。WindowsやmacOSはOSの1種なんだ。
OSがCPUなど全てを管理しているよ。

例　OSをアップグレードしたら使える機能が増えた！

□ 262 **アプリケーションプログラム** ▶▶▶ <u>アプリ</u>

いわゆる「アプリ」のことで、特定の作業を行うのに特化したプログラムだよ。円を綺麗に描くためにコンパスという便利な道具があるのと似た感じだね。アプリにはSNSなどスマホで使えるものや、PowerPointなどパソコンで使えるものもあるよ。

例　最近話題のあのアプリ、もうインストールした？

□ 263 **メモリ（主記憶装置）** ▶▶▶ <u>作業机</u>

コンピュータ上で作業をするために一時的にデータや道具
を出しておく机のことだよ。机が広い（メモリが大きい）
と効率的に素早く作業を進めることができるんだ。

例 メモリがいっぱいでこれ以上は問題が解けない...。

□ 264 **フラッシュメモリ**

▶▶▶ <u>電源を切ってもデータが保持されるメモリ</u>

電源を切っても中のデータが保持されるメモリのこと。
USBメモリやSDカードなどがこれに該当するよ。

例 みんなで作り上げた文化祭の思い出は、ずっと頭の中に残っていく
し簡単に忘れられないだろうな。フラッシュメモリのようだね。

□ 265 **ストレージ（補助記憶装置）** ▶▶▶ <u>引き出し</u>

コンピュータ上で色々な情報を記憶する引き出しのことだ
よ。引き出しが広い（ストレージが大きい）ほどたくさん
の情報を保管できるんだ。

例 来週の単語テストに向けてストレージを増やした
い！

□ 266 ハードディスク ▶▶▶ データを永続的に保存するための装置

コンピュータ内にあるデータを永続的に保存するための装置のことだよ。大量のファイルやアプリケーションを保存できるよ。

例 なおやは記憶力が凄すぎてハードディスクみたいだ。

□ 267 ファイル ▶▶▶ 1つ1つのデータ

写真や動画などのデータ1つ1つのことを指すよ。

例 なおや「パソコンのファイルが綺麗な人は部屋も綺麗そうだな」
かいと「ん？　俺のことか？」
なおや「絶対違うだろ」

□ 268 フォルダ ▶▶▶ データをまとめる入れ物

複数のファイルをまとめて保管する入れ物のことだよ。フォルダとファイルはフォトアルバムと写真の関係に似ているね。

例 集合写真なら文化祭フォルダに入ってるよ！

☐ 269 **アクセス速度** ▶▶▶ <u>データの読み書きの速さ</u>

コンピュータがデータを読み込んだり書き込んだりする速
さをアクセス速度というよ。

例　アクセス速度が速いとサクサク動画を観られて快
　　適だなぁ！

☐ 270 **情報機器** ▶▶▶ <u>情報を扱う機器</u>

情報の入力や出力、保存、処理などをする機器全般のこと
だよ。パソコンやスマホ、デジタルカメラ、カーナビ、CD
プレイヤーなど世の中はたくさんの情報機器で溢れている
よ。

例　彼女はいつも周りの情報をキャッチしていて、まるで歩く情報機器だ。

☐ 271 **組込み機器** ▶▶▶ <u>機能特化した機器</u>

ある特定の機能に特化したコンピュータが入っている機器
のことだよ。テレビやエアコンといった家電製品や、工場
のロボットといった産業機器などが組込み機器といえるね。
組込み機器がインターネットに接続できるようになったこ
とで、情報機器同士で通信や制御ができるようになって、さらに生活が便利に
なったよ。

例　なおや「かいとって古文だけはめちゃくちゃ得意だよな。組込み機
　　器でも入ってるのか？」

272 **センサー** ▶▶▶ <u>物事の状態を感じ取る部品</u>

周りの状態や変化を感知し、その情報をコンピュータなどに送る装置のこと。例えば、温度や光、音などを感知することができるよ。

例 友達がちょっとでも気を落としているときに、かおるが気付く速度ってすごく早いよね。まるでセンサーだよ。

☐ 273 **アルゴリズム** ▶▶▶ <u>レシピ</u>

☐ 274 **順次構造** ▶▶▶ <u>○○の次は××をする</u>

☐ 275 **選択構造** ▶▶▶ <u>もし○○なら××をする</u>

☐ 276 **繰り返し構造** ▶▶▶ <u>繰り返し○○をする</u>

アルゴリズムとは、ある動きをするための方法や手順をまとめたもので、料理のレシピのようなものだよ。アルゴリズムは、次の3種類の構造の組み合わせでできているんだ。

❶順次構造：「野菜を洗う。その次は野菜を切る」のように順番に作業していく型だよ。

❷選択構造：「もし野菜が大きかったら、半分に切る」のように条件によって作業を変えていく型だよ。

❸繰り返し構造：「野菜が柔らかくなるまで加熱をし続ける」のようにある条件の間繰り返し同じ作業をする型だよ。

例 テストでいい点を取るための完璧なアルゴリズムを生み出してしまったぜ…。

☐ 277　**入れ子構造** ▶▶▶ マトリョーシカ

マトリョーシカのように、ある構造の中にさらに同じ構造が入っていることだよ。例えば、「『人参を一口大になるまで切り続ける』という行程を10本の人参それぞれで繰り返す」という場合は、繰り返し構造の中に繰り返し構造が入っているね。

例　全国大会に出るために関東大会で優勝し、関東大会に出るために県大会で優勝し、県大会に出るために市の大会で優勝しないといけないなんて大変な入れ子構造だ…。

☐ 278　**探索アルゴリズム** ▶▶▶ データの探し方

たくさんのデータの中から探しものをする方法のことだよ。探すためのアルゴリズムにもいくつか種類があるんだ。

例　保護者へのプリントをがむしゃらに探すんじゃなくて、探索アルゴリズムを考えて効率よく探そう！

☐ 279　**線形探索** ▶▶▶ 先頭から順に探す探し方

たくさんのデータが順番にならんでいるとき、最初から最後まで一つずつ確かめて、目的のデータを見つける方法。でも、データが多いと時間がかかることがあるよ。

例　この落とし物は誰のものなんだろう。恐らく低学年の女子で運動部のはず。線形探索で探してみよう。

二分探索
ニ ブン タン サク

▶▶▶ 半分ずつ絞っていく探し方

データを探す方法の一つだよ。リストを半分に分けて効率
的に目的のデータを見つける方法だよ。

例 なおやの辞書を引くスピードが早すぎる…。まる
で二分探索しているみたいだ。

整列アルゴリズム
セイレツ

▶▶▶ データの並べ方

たくさんのデータを大きい順や小さい順に並べ替える方法
のことだよ。並べ替えるためのアルゴリズムはいくつか種
類があるんだ。

例 学年全員が背の順に並ぶための効率的な整列アル
ゴリズムを考えよう！

フローチャート

▶▶▶ 作業の流れの図

プログラムや手順の流れを図式化したものだよ。各ステッ
プが図形などで表されていて、矢印を使ってステップ同士
がどう繋がっているのかを書くんだ。

例 文化祭での実行委員の動きをフローチャートで表そ
う！ そうすればどういう流れで動くのかわかるは
ず！

□ 283 **アクティビティ図**

▶▶▶ ソフトウェアやシステムの動作やプロセスを図で表現したもの

システム内での動作やプロセスの各要素とその間の関係を
表現した図のこと。主にソフトウェア開発で使用されるよ。

例 文化祭での仕事をまとめたこの図のクオリティが
凄すぎる。まるでアクティビティ図のように流れ
がわかりやすい。

□ 284 **状態遷移図** ▶▶▶ 状態の移り変わりを示す図

特定の物事やシステムが、ある状態にあるときに、何が起
こり、どのような状態に遷移するかを示した図のこと。流
れや経路が視覚的に理解しやすくなっているよ。

例 文化祭の受付でやることが複雑すぎる！ 状態遷移図を作ってもい
いくらいだね。

□ 285 **論理演算** ▶▶▶ 正しいか正しくないかを判定すること

真（1）や偽（0）の命題を組み合わせて、新しい命題を
作り出す操作のことだよ。例えば、「Aが真でかつBが偽な
らば」などがあるよ。

例 なおやの思考は早いし性格だ。まるで論理演算を頭の中で実行して
いるかのようだ。

□ 286 **論理回路** ▶▶▶ 論理演算を行うための仕組み

論理（ロン）理（リ）回（カイ）路（ロ）

電子機器の中で、いろんな数学の計算をするためのもの。
例えば、スイッチをONにすると電気がついたり、OFFにすると電気が消えたりするのも、この電子機器が関わっているんだ。

例 かいとはあの映画を見ると必ず泣いてしまうんだ。まるで映画を見ると泣くスイッチがONになる論理回路のようだね。

□ 287 **真理値表** ▶▶▶ 入力と出力の対応表

真（シン）理（リ）値（チ）表（ヒョウ）

スイッチやゲートなどの論理回路で、入力がどうなったら出力がどうなるかを一覧にした表のことだよ。ある条件ごとに、どんな結果が得られるかがわかるんだ。

例 先生はあの話をするととても機嫌が良くなるけど、テストの点数が悪いと機嫌が悪くなる。これらをまとめて真理値表を作りたいな。

□ 288 **XORゲート** ▶▶▶ 2つの入力が異なる時OK

XOR（エックスオア）

XORゲートは、2つの情報が違う場合だけ「真（1）」を出力し、同じ場合は「偽（0）」を出力する論理回路のことだよ。例えば、スイッチが1つでも押されていれば電気がつくような仕組みだよ。

例 かいととなおやの意見は全然合わないね。XORゲートがあったらずっとTRUEが出力されそうだ。

☐ 289 **NANDゲート** ▶▶▶ 全ての入力が1のときだけNG

ナ ン ド

ON ON ON ON

全ての情報が「真(1)」の場合だけ出力が「偽(0)」になり、
それ以外の場合は「真」を出力する論理回路のこと。言い
換えると、どれか1つでも「偽」ならば出力は「真」だよ。

例 なおやのテストの答案は完璧すぎてNANDゲートを通ったら逆に
FALSEが出てしまうよ。

☐ 290 **半加算器** ▶▶▶ 2つの1桁の2進数を足す

ハン カ サン キ

☐ 291 **全加算器** ▶▶▶ 3つの1桁の2進数を足す

ゼン カ サン キ

1001
+ 1101
10110
半加算器

半加算器は2つの2進数を足し合わせ、その結果を出力す
る回路のこと。また、繰り上がりがあるかどうかも判定す
ることができるよ。
全加算器は3つの2進数を足し合わせ、その結果を出力す
る回路のこと。半加算器よりも広い範囲の2進数の足し算
ができるよ。

1001
+ 1101
10110
全加算器

例 単純に桁同士を足し合わせるのに使うのが半加算器で、桁上がりも
合わせて足すときに使うのが全加算器だね!

□ 292 **プログラミング** ▶▶▶ <u>コンピュータへの指示を書くこと</u>

コンピュータへの指示をまとめたものをプログラムと言い、
プログラムを書くことをプログラミングと言うよ。

例 これからの時代にプログラミングスキルは欠かせない。

□ 293 **プログラミング言語** ▶▶▶ <u>プログラミング専用の言語</u>

プログラミングをするための専用の言語をプログラミング
言語と呼ぶよ。PythonやJavaScript、C言語などたくさん
のプログラミング言語があるよ。

例 アプリを開発するためにプログラミング言語を学ぼう。

□ 294 **機械語** ▶▶▶ <u>コンピュータが直接理解できる言語</u>

人が使う言葉ではなく、コンピュータが1と0だけで理解でき
きる命令のこと。これがコンピュータの言葉だよ。

例 かいと 「010110010101010」
　　なおや 「お腹が空いたのか」
　　かおる 「なんて機械語もわかるの？」

□ 295 **ソースコード** ▶▶▶ プログラミング言語で書かれた指示

コンピュータにどんな動作をさせたいか、処理の内容が書かれたテキストファイルのことだよ。ソース（source）には「源」「出典」といった意味があるね。

例 かおる「かいとはお母さんに怒られたら絶対に言うことを聞くよね」
なおや 「かいとにとってのソースコードはお母さんなんだな」

□ 296 **演算子**（エン ザン シ） ▶▶▶ 計算などをするための記号

計算などの数字の処理をするための記号のことだよ。例えば、「+」「-」「＝」「＞」などがあるよ。

例 演算子を間違えてしまった！　ここは+じゃなくて-だった！

□ 297 **変数**（ヘン スウ） ▶▶▶ 付箋

□ 298 **代入**（ダイ ニュウ） ▶▶▶ 値を書き込む

変数は付箋のようなものだよ。付箋1つ1つには名前を付ける決まりになっていて、値をメモすることができるよ。このメモの内容は書き換えられるよ。付箋にメモを書き込む、書き換える作業のことを代入と呼ぶんだ。例えば、「日直」という名前の付箋に'佐藤'とメモをして、次の日には'鈴木'と書き換えていくイメージだよ。

例 去年の情報が入っちゃってるから、変数に最新の情報を代入しなきゃ！

□ 299 **配列 / リスト** ▶▶▶ 付箋を並べたもの

配列やリストは、同じ種類の情報をメモした付箋を並べて
まとめて管理したものだよ。例えば、生徒の名前が書かれ
た付箋がクラス全員分並べて貼られている感じだね。配列
は貼れる付箋の数があらかじめ決まっているノート、リストは貼る付箋の数に
応じてページを増減できるルーズリーフのような感じになっているよ。

例 クラスのみんなの誕生日を配列で管理しておこう！

□ 300 **条件式** ▶▶▶ YesかNoかの質問

条件式は、Yes（正しい）かNo（間違い）で答えられる質
問文のこと。数学の不等式のように「A = B」「A > B」と
いったように書くよ。

例 かいと 「『夏休みの宿題 == 最終日にやるもの』だよね！」
かおる 「その条件式、絶対正解じゃないよ…」

□ 301 **条件分岐** ▶▶▶ もし〇〇なら××をする

条件分岐とは、条件式の答えによって命令を変えることだ
よ。「もし〇〇なら××をする」という選択構造を作るよ。

例 明日の天気が雨かどうかで、行き先を変える条件分岐式を書いてみ
よう。

□ 302 **繰り返し命令** ▶▶▶ 繰り返し〇〇をする

繰り返し命令は、条件式の答えがYesである限り同じ命令を繰り返す処理ことだ。「繰り返し〇〇をする」の繰り返し構造を作るよ。

例 繰り返し命令で間違えた漢字を自動で10回書けたらなぁ。

□ 303 **関数** ▶▶▶ 小さな手順のまとまり

関数とは、プログラムの中で小さな手順をまとめたもののことだよ。例えば、カレーを作るという大きなプログラムの中で、「野菜の皮をむいて、切って、鍋に入れる」という作業は何回も出てくるよね。もし、この3つの手順を一気にしてくれるロボットがあったら、このロボットに野菜を渡すだけでじゃがいももにんじんも玉ねぎも全て同じ作業を自動でやってくれてとても便利だよね。関数は、このように小さな手順をまとめて一気に作業してくれる便利ロボットで、自分で作ることができるんだ。

例 入力した数の合計を自動で計算してくれる関数を組もう。

□ 304 組込み関数 ▶▶▶ 用意された関数

プログラミング言語にはじめから用意されている関数のことだよ。数学的な計算など、よく使われる基本的な処理は、わざわざユーザがコードを書く手間がかからないように用意してくれているんだ。

例 数学の公式が組込み関数として生まれつき人間にインプットされてたら覚えなくて済むのになぁ…。

□ 305 ユーザ定義関数 ▶▶▶ 自分で作る関数

ユーザが自分で作る関数のことだよ。組込み関数として用意されていないけど自分がよく使うまとまった処理は、関数を作ることで繰り返し使いやすくするんだよ。

例 かおる「毎日同じ作業をするの大変だな…」
なおや「ユーザー定義関数を作って自動化できないか試してみよう！」

□ 306 乱数 ▶▶▶ ランダムな数

ランダムに出てくる数のことだよ。例えば、サイコロは1~6の目が同じ確率でランダムに出るね。

例 今回の席替えは乱数を使って決めるんだって！

☐ **307** **バグ** ▶▶▶ <u>虫</u>

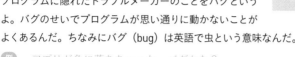

プログラムに隠れたトラブルメーカーのことをバグという
よ。バグのせいでプログラムが思い通りに動かないことが
よくあるんだ。ちなみにバグ（bug）は英語で虫という意味なんだ。

例 アプリが急に落ちちゃった。バグかな？

☐ **308** **デバッグ** ▶▶▶ <u>虫取り</u>

バグを見つけて、取り除く作業のことをデバッグと呼ぶよ。
つまり、プログラムの中から不具合を見つけて修正するん
だよ！

例 どこでミスをしたんだろう？　デバッグしなきゃ！

☐ **309** **A P I** ▶▶▶ <u>ソフトウェア間の架け橋</u>

Application Programming Interface（アプリケーション・
プログラミング・インターフェース）の略で、異なるソフト
ウェアやWebサービス同士を繋ぐために使われるものだよ。
APIを使うことで異なるサービス間での情報のやりとりなどが可能になるんだ。
例えば、SNSのAPIを使って自分の最新のSNS投稿を自分のホームページに表
示することができたり、音楽配信サービスのAPIを使って自作アプリ内で音楽
を再生できるようになったりするよ。

例 理系の俺と文系のお前でAPI連携できたら最強なんだけどなぁ…。

□ 310　**モデル化**　▶▶▶　簡潔に表現すること

複雑な物事から重要な部分だけを抜き出して簡潔に表現
することだよ。モデルとは模型のことだ（プラモデルのモ
デルだね）。理科室にある人体模型は、人間の身体の構造を簡潔にして表して
いるね。

例　この小説の内容は少し複雑だからモデル化して整理してみよう。

□ 311　**実物モデル**　▶▶▶　物理的なモデル

物理的なものを使って作るモデルを実物モデルと呼ぶよ。
例えば、レゴブロックで再現した建物や、飛行機のプラモ
デルなどがあるね。

例　修学旅行のお土産にスカイツリーの実物モデルの置物を買ってきた。

□ 312　**論理モデル**　▶▶▶　図や言葉によるモデル

図や言葉などを使って作るモデルを論理モデルと呼ぶよ。
例えば、物語の内容を表した図や物事の関係性を表した数
式などがあるね。

例　各トレーニングとその効果の関係性を、論理モデルで表してみよう。

□ 313 **確率的モデル** ▶▶▶ <u>ランダムな現象のモデル</u>

気象予報など、不確実性やランダム性を含む現象を扱う
モデルだよ。正確な結果を予測するのが困難な場合に、あ
る出来事が起こる確率などを導くのに使われるよ。

例 先生の機嫌を予測する確率的モデルを誰か作ってほしい…。

□ 314 **確定的モデル** ▶▶▶ <u>ランダムじゃない現象のモデル</u>

重力の法則など、条件が分かれば結果を正確に予測でき
るような現象を扱うモデルだよ。物理的なシミュレーショ
ンをするときなどによく使われるね。

例 来年の入試の問題を予測する確定的モデルがあればなぁ…。

□ 315 **動的モデル** ▶▶▶ <u>時間変化する現象のモデル</u>

株価や気温のように時間が経つにつれて変化していくよう
な現象を扱うモデルだよ。これまでの傾向から未来を予測
するときなどによく使われるね。

例 来年オープンするテーマパークに絶対行きたい！ 動的モデルで貯
金をシミュレーションしてみよう。

□ 316 **静的モデル** ▶▶▶ 時間変化しない現象のモデル

ある時点での人口や年齢分布など、時間の経過とは無関係な現象を扱うモデルだよ。特定の瞬間や期間における状況の分析をするときによく使われるね。

例 クラスの人間関係を静的モデルで表してみた。

□ 317 **シミュレーション** ▶▶▶ 模擬実験

本番を想定してコンピュータ上で模擬実験をすることだよ。人形や模型を使って交通事故や地震が起きた時の実験をしているのをテレビで見たことはないかな？　あのような実験をコンピュータ上でも行うことができるんだ。

例 選手入場のシミュレーションをしておこう！

□ 318 **妥当性検証** ▶▶▶ モデルが正しいか確かめる

作ったモデルが実際の物事を本当に再現できているかを確かめることだよ。例えば、実際によくある簡単な現象のシミュレーションをして、現実と同じような動きをすればモデルは正しそうだと確認ができるね。モデルが正確じゃないと、それを使ってシミュレーションしても意味がなくなってしまうから、妥当性検証はとても大切な作業なんだ。

例 かいとはアイデアマンだけど、現実離れしていることも多いから妥当性検証が常に必要なの。

☐ 319 **待ち行列** ▶▶▶ 順番を待つデータやプロセスの列
　　　　　マ　ギョウレツ

データや処理が順番に処理される仕組みのこと。先に来た
ものが先に処理され、待っているものが順番に処理される
ようになっているんだ。

例 あそこのラーメン屋さんいつも人が並んでて、待ち行列みたいだな。
　　あ、かいとが並んでる！　お～い！

初めてでも大丈夫!!
プログラミングを学ぼう!

> プログラミングは意外と簡単!

君は「プログラミングって英語ばかりで難しそう」「頭の良い天才がやるものでしょ?」と思っていないかな?
実はそうではないんだ! プログラミングはやってみると案外簡単なこともあるし、自分のアイデアをカタチにできて楽しいよ!

日々、学校や家などで生活をしていて、「これ面倒臭いなぁ」「こんなことができたらなぁ」「こんなゲームを作りたいなぁ」などと思ったことはないかな?
プログラミングを学ぶとそのような思いを自分で解決することができるようになって、自分や周りの人の生活を豊かにすることができるんだ!

みんなと同世代の中高生がプログラミングを一から学んで、Webサイトやアプリ、ゲームなどを楽しそうに作っている姿を筆者の私たちこの目で見てきたから、君にもきっとできるはずだ!
NEXT STEP 3-1ではまず、プログラミングとは何か、何ができるのかについて説明していくよ。

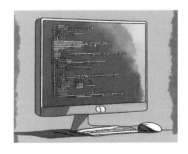

プログラミングって何？

コンピュータに何をしたいか命令すること

プログラミングと聞くと、パソコンを使って呪文のような英語をたくさん打ち込んでいるのをイメージするかもしれないね。

プログラミングとは、**コンピュータに何をしてほしいか命令をすること**なんだ。コンピュータに命令をするときは、「ソースコード」という特別な文書に命令文を書いていくよ。ただし、人間の言葉で「〇〇して」などと書いてもコンピュータは理解できないから、**コンピュータが理解できる形式に変換できるプログラミング言語という特別な言語を使って命令文を書いていく**んだ。これが呪文のような英語の正体だね。

ルールに従って正確に伝える

プログラミング言語には色々な種類があって、それぞれ違ったルールがあるよ。それらの**ルールや構文に従って、自分の要望をコンピュータに正確に伝えることが大切**だよ！　そういった、プログラミング言語のルールを文法と呼ぶよ。コンピュータは人間とは違って生真面目で融通が利かないんだ。だから、私たちが命令した通りにしか動いてくれなくて、文法を少しでも間違えると「理解できません」と突き返されてしまうんだよ。でも安心して！　NEXT STEP 3-2では、プログラミングのルールについて初心者でも分かりやすいように説明しているよ！　またNEXT STEP 3-3では、簡単なゲームを一緒に作っていくよ！　一緒にプログラミングへの第一歩を踏み出そう！

プログラミングで何ができるの？

プログラミングでできることはたくさんあるよ！ 身の回りのあんなことやこんなこともプログラミングによってできているんだ。現代の私たちの生活では、プログラミングが使われていないことの方が珍しいかもしれないね！ 例をいくつか紹介するよ。

アプリを作る

スマートフォンやタブレット、パソコン用のアプリを自分で作れるんだ。学習ツール、日記アプリなど、アイデア次第で何でも作れるよ。

Webサイトを作る

Webサイトやブログを作れるよ。Webサイトを作ることで、自分の趣味や作品などを友達と共有したり、世界に発信することができるね。

ゲームを作る

自分でゲームを作って、友達と遊ぶことができるよ。自分の好きなキャラクターやストーリーで、独自のゲームを作ってみよう。

データ分析

様々なデータを分析して、新しい発見をすることができるよ。アンケート結果を分析したり、気象データを調べて天気予報を作ることもできるね。

ロボットを動かす

ロボットやドローンをプログラミングして、自分が思い描いた通りに動かすことができるよ。

VRやARの体験作成

VRやARを使って、現実世界とは違う体験を作ることができるよ。例えば、宇宙旅行のシミュレーションや歴史的な場所のバーチャルツアーなど、わくわくする体験を作ることができるんだ。

AI（人工知能）を学習させる

AIを使って、言語の翻訳、顔認識、音声認識などをするためのプログラムを作ることができるよ。

アートや音楽を作る

プログラミングを使って、アート作品や音楽を作ることもできるんだ。特に、コンピュータを使って作るアート作品を、デジタルアートと呼ぶよ。

気になったこと、やってみたいと思ったことはあったかな？　興味のあるものが1つでも見つかったら、ぜひプログラミングを学んでみよう！

プログラミングはどう学ぶの？

手を動かして学ぶ

プログラミングに興味は出てきたけど、「どう学べば良いんだろう？」と疑問に思うよね。**プログラミングを学ぶには、実際に手を動かしてみるのが大事**なんだ。何か作りたいものを決めて、それを作りながら本やインターネットで調べたり、人に聞いたりして勉強していこう！　NEXT STEP 3-3では実際に簡単なゲームを作る方法を紹介しているからぜひチャレンジしてみてね！

参考書や動画素材で文法を学ぶ

また、**基本的なプログラミングの文法を参考書や動画教材などで学ぶことも大切**だよ。NEXT STEP 3-2ではPythonというプログラミング言語の基本的な文法を紹介するよ！

Pythonって何？

Python（パイソン）はプログラミング言語の一つで、1991年に開発された言語だよ。

Pythonは、数あるプログラミング言語の中でもシンプルで読みやすい構文と言われていて、幅広い用途で利用できるのが特徴だよ。たくさんの人が使っていて、誰でも使える便利なツールが作られていたり、Pythonについての知見がインターネット上にたくさんあったりするから、**プログラミング初心者向けの言語**とも言われているんだ。
学校でPythonを勉強する人はもちろん、そうじゃない人もぜひ本書を参考にしてPythonを勉強してみてね！

プログラミング言語にはたくさんの種類があるけど、万能な1つの言語というものはないんだ。それぞれの**言語によって得意不得意があるよ**。では、Pythonは何が得意なんだろうか？　具体的に紹介していくよ！

データ分析や機械学習

Pythonでは、データ分析や機械学習で使う処理をまとめた便利なセットがたくさん用意されているから、大量のデータを読み込んでAIに学習させたり、分析結果を出したりすることが得意なんだ。

データ分析や機械学習には数学や統計の知識が必要不可欠だけど、Pythonは計算をしたり、目に見えるようにグラフ化したりすることに長けているんだ。

Webアプリ開発

PythonはECサイトやSNSなどのWebアプリ開発でも使われているよ。YouTubeやInstagramの開発にも使われているんだ。Pythonには、Webアプリを作成するのに必要な機能やライブラリが用意されているから、効率よく開発を進めることができるんだ。

このように、Pythonは近年注目されているAIやデータ分析、Webアプリなどの分野が得意な言語だから、これからの時代も活躍すること間違いなしなんだ！

NEXT STEP 3-2では、Pythonの文法が具体的にどのようなものなのか、単語形式で解説していくよ！　最初から覚える必要はないから、徐々に慣れていって、プログラミングの楽しい世界に触れていこう！

これで基礎はバッチリ!!
Python厳選ワード50

☐ 001 **数値**(スウチ) ▶▶▶ 数のデータ

☐ 002 **文字列**(モジレツ) ▶▶▶ 文字のデータ

☐ 003 **値**(アタイ) ▶▶▶ 数や文字などのデータ

プログラミングでは数や文字のデータを扱うんだ。

例えば、ゲームを作るときは、数のデータを使ってHPの計算をしたり、文字のデータを使ってキャラクターのセリフを表示したりするね。このデータのことを「値」と呼ぶよ。

「値」にもいくつか種類があって、整数や小数などの数のデータを「数値」、単語や文章などの文字のデータを「文字列」と呼ぶよ。文字列は「"こんにちは"」のように「'」や「"」で囲む決まりになっているよ。

☐ 004 **真偽値**(シンギチ) ▶▶▶ 真(True)か偽(False)かを表す値

私達の生活では「スイッチがオンかオフか」「試験が合格か不合格か」「クイズが○か×か」と2択が出てくることが多いよね。コンピュータの世界でも「2つの状態のうちどちらか」を表すことがよくあって、この2つの状態をまとめて真偽値と呼ぶよ。

┌真偽値┐
FALSE TRUE

True：2択のうち「オン」「正しい」「本当」といった意味を表す値だよ。
False：2択のうち「オフ」「間違い」「嘘」といった意味を表す値だよ。

	005	**print()** プリント	▶▶▶	画面に値を表示する
	006	**input()** インプット	▶▶▶	ユーザーに入力してもらう

コンピュータと人間の間でデータのやりとり
をするためには、データの表示と入力が必要
なんだ。

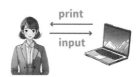

printという命令を使うことで、値をパソコン
の画面に表示して人間に伝えることができるよ。

print（"登録完了"）のように、（）の中に値を入れることで、人間にコンピュータの処理の結果や途中経過などを伝えることができるんだ。

print（プリント）は「印刷する」という意味だから、値を画面に印刷するというイメージで覚えよう！

inputという命令を使うことで、人間が値を入力してコンピュータに伝えることができるよ。

input（"名前を入力してください"）のように（）の中に文字列を入れることで、人間に説明や指示をすることもできるんだ。例えば、アプリの会員登録では名前や生年月日などを入力するよね。

コードを体験

```
# 好きな言葉を入力する
message = input("コンニチハ")

# 入力した言葉を表示する
print(message)
```

読み込んで確認！

## 007

算術演算子　サンジュツエンザンシ　▶▶▶　計算をするための記号

算術演算子は計算をするための記号で、基本的には数学と同じような記号を使うよ。ただし、少し変わった記号もあるから注意しよう！

＋ 数学の＋と同じで、左に書いた数値に右に書いた数値を足すことができるよ。また、文字列をくっつけるために使うこともできるんだ。

－ 数学の－と同じで、左に書いた数値から右に書いた数値を引くことができるよ。

＊ 数学の×と同じで、左に書いた数値に右に書いた数値を掛けることができるよ。記号が数学と違うから注意してね。

／ 数学の÷と同じで、左に書いた数値を右に書いた数値で割ることができるよ。記号が数学と違うから注意してね。

$20 ÷ 3 = 6$ あまり 2なので、

$20 // 3 → 6$

$20 ％ 3 → 2$

// 割り算の答えの整数部分を求められるよ。少数部分は切り捨てられるよ。

％ 余りを求められるよ。「50％オフ」のように割合を表す％とは意味が違うから注意してね。

＊＊ 右に書いた数字の回数分、左に書いた数字をかけるよ。

$2 ＊＊ 3 → 2 × 2 × 2 = 8$

プログラミング	数学	例
+	+	1+3→4 "TECH"+"TAN"→"TECHTAN"
−	−	4-1→3
*	×	2*3→6
/	÷	6/2→3

コードを体験

読み込んで確認！

```
# 好きな数字を入力する
number1 = input()
number2 = input()

# 計算
result = number1 + number2

# 計算結果を表示する
print(result)
```

コードを体験

読み込んで確認！

```
# チョコの個数
choco = 100

# 分ける人数を入力
people = input("何人で分ける？")

# 一人当たりのチョコの計算
my_choco = choco // people

# チョコの余り
rest_choco = choco % people
```

コードを体験

読み込んで確認！

```
# 一辺の長さ
side_length = 5

# 正方形の面積
square_area = side_length ** 2

# 立方体の体積
cube_volume = side_length ** 3
```

## 008

代入演算子 ▶▶▶ 代入をするための記号

代入演算子とは、変数に値を代入（3章参照）するための記号だよ。数学の＝のように「左右が等しい」という意味ではないから注意してね！

例

```
# nittchoku という変数に 'なおや' という値を代入
nittchoku = 'なおや'
```

算術演算子と＝を組み合わせて、表記を省略した形もあるよ。
例えば、hpという名前の変数に10という値が入ってたとしたら、

```
hp += 2
```

で、hpが10 + 2 = 12に書き換えられるよ。
これは、

```
hp = hp + 2
```

と同じことをしているけど、入力する文字を減らせるから便利なんだ。
同様に、他の記号でも、A ○= B は A = A ○ Bを省略した表記として使えるよ。

- **+=** 左の変数の値に右の値を**足して代入**できるよ。
- **-=** 左の変数の値から右の値を**引いて代入**できるよ。
- ***=** 左の変数の値に右の値を**掛けて代入**できるよ。
- **/=** 左の変数の値を右の値で**割って代入**できるよ。
- **//=** 左の変数の値を右の値で割った**商を代入**できるよ。
- **%=** 左の変数の値を右の値で割った**余りを代入**できるよ。
- ****=** 左の変数の値を右の数分**掛けて代入**できるよ。

コードを体験

読み込んで確認！

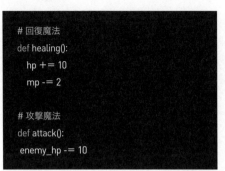

```
# 回復魔法
def healing():
    hp += 10
    mp -= 2


# 攻撃魔法
def attack():
    enemy_hp -= 10
```

□ 009 　**比較演算子** ▶▶▶ 左右を比べる記号

比較演算子はその名の通り、左右の値を比べるための記号だよ。
基本的には数学で使う不等号や等合と同じだけど、少し変わったものもあるから注意しよう！

== 左の値と右の値が**等しい**。数学の「＝」と同じだね。プログラミングでは2つ並べることに注意しよう。

!= 左の値と右の値が**等しくない**。数学の「≠」と同じだね。

< 左の値が右の値より**小さい**。

> 左の値が右の値より**大きい**。

<= 左の値が右の値**以下**。数学の「≦」と同じだね。

>= 左の値が右の値**以上**。数学の「≧」と同じだね。

比較演算子を使った式が正しい場合はTrue、正しくない場合はFalseとなるよ。
例えば、＝＝の場合は、式が正しい、つまり本当に等しい場合はTrueを、等しくない場合はFalseと表されるよ。なので、「1 == 1」はTrue、「1 == 2」はFalseとなるんだ。

```python
# 犯人の顔
criminal_face = 'X'

# 容疑者の顔
suspect_face = input('犯人はお前か！')

if criminal_face == suspect_face:
    print('捕まえた！')
else:
    print('逃した…')
```

☐ **010** **コメントアウト** ▶▶▶ <u>コンピュータに無視させる</u>

何をするためのコードか忘れないように、あるいは他の人が読んで分かりやすいように、メモをしておきたいことがある。でも、プログラム上に人間の言語を書いてしまうと、コンピュータはそれを理解しようとして混乱してしまうんだ。そこで行うのがコメントアウトだよ。コメントアウトは、コンピュータに「ここは無視していいよ」と伝えるもので、Pythonでは「#」の後に文を書くとコメントアウトできるよ。

☐ **011** **インデント** ▶▶▶ <u>行頭の空白</u>

コードを書いていくと、処理のまとまりが人間にとってもコンピュータにとっても分かりづらくなってくる。言語によっては括弧でくくるんだけど、Pythonではインデントという**空白**を行の頭に入れるルールがあるんだ。基本的には処理のまとまりごとに4つのスペースを頭に入れることになっているよ。

□	012	**if** イフ	▶▶▶	条件によってやることを変える
□	013	**else** エルス	▶▶▶	それ以外の条件のとき
□	014	**elif** エルイフ	▶▶▶	別の条件で確認する

ifは「もし~なら」という意味で、if文は分かれ道のようなものだよ。ifの後に書いた条件式に応じて動きを変えることができるよ。

elseは「それ以外」という意味で、前に書いた条件以外の**その他の場合**を表すよ。また、elifはelseとifが合体したもので、前に書いたifの条件を満たさないときに、ここで書いた条件を確認するよ。

例えば、学校からの帰り道に、友達の家に行くなら左に進む、塾に行くなら右に進む、それ以外（家に帰る）ならまっすぐ進むといった感じだ。

例

```
if 友達の家に行く：
    左に進む
elif 塾に行く：
    右に進む
else：
    真っ直ぐ進む
```

コードを体験

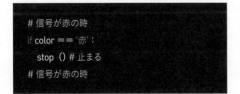

```
# 信号が赤の時
if color == '赤'：
    stop () # 止まる
# 信号が赤の時
```

読み込んで確認！

```
elif color == '黄色':
    run() # 走る
# 信号が青の時
else :
    walk() # 歩く
```

□ 015 **論理演算子** ▶▶▶ 組み合わせや否定のための用語

論理演算子とは、複数の条件式を組み合わせたり、条件式を否定したりするための用語だよ。具体的には以下の3つを覚えておこう。

and

「○○ かつ □□」という意味で、どちらも正しい場合はTrueを、それ以外の場合はFalseと表されるよ。
例えば「Aさんは犬を飼っている かつ Aさんは猫を飼っている」は、
Aさんが両方飼っている場合はTrue、犬だけ飼っている、猫だけ飼っている、どちらも飼っていない場合はFalseとなるよ

or

「○○ または □□」という意味で、どちらか一方でも正しい場合はTrue、それ以外の場合はFalseと表されるよ。
例えば「Aさんは犬を飼っている または Aさんは猫を飼っている」は、Aさんが犬だけ飼っている、猫だけ飼っている、両方飼っている場合はTrue、どちらも飼っていない場合はFalseとなるよ

not

「○○ではない」という意味で、この主張が正しい場合はTrue、間違っている場合はFalseと表されるよ。
別の言い方をすると、ある主張にnotをつけることで、元の主張とTrueとFalseが入れ替わる（裏返しになる）よ。

例えば「not Aさんは犬を飼っている」は「Aさんは犬を飼っていない」という意味になるので、仮に元の主張である「Aさんは犬を飼っている」がTrueなら、「not Aさんは犬を飼っている」は裏返しのFalseになるね。

実際にはコード例のようにスイッチの切り替えのようなことをするときによく使われるよ！

A and B
AかつB
論理積

A or B
AまたはB
論理和

not A
Aではない
否定

コードを体験

```
# 条件
A, B

if A and B:
    fill_and()
elif A or B:
    fill_or()
```

読み込んで確認！

コードを体験

```
# スイッチの切り替え
switch = not switch
```

読み込んで確認！

☐ 016 **リスト** ▶▶▶ <u>順番に並べた数値の集まり</u>

Pythonにおいて配列（No.299）に当たるものがリストだ。同じ種類の値を、複数の値を順番に入れておくことができる。リストに含まれる1つ1つの値を「要素」と呼ぶよ。

コードを体験

```
# 生徒を呼ぶ
number = input('○○番の人〜！')

# 該当する出席番号の生徒
student = students[number]
```

読み込んで確認！

□ 017 **インデックス** ▶▶▶ リストの要素の番号（0から始まる）

リストには順番に要素が入っているから「3番目の要素を使いたい」といった
ように番号で指定することができるんだ。この番号のことをインデックスと呼
ぶよ。1からではなく、**0から始まる**ことに注意だ！

□ 018 **append()** ▶▶▶ リストに要素を付け足す

リストに要素を付け足すことができる関数（No.303）だよ。
リストの一番後ろにしか付け足せないことに注意だよ！
appendは「追加する」という意味の英単語なんだ。

☐ 019 **remove()** リ ム ー ブ ▶▶▶ リストから要素を削除する

リストから要素を削除することができる関数だよ。removeは「取り除く」という意味の英単語だ。

コードを体験

\読み込んで確認!/

```
# お茶のリスト
teas = ['tea', ..., 'tea']

# 商品を補充する
teas.append('tea')

# 商品を取り除く
teas.remove('tea')
```

☐ 020 **insert()** イ ン サ ー ト ▶▶▶ リストに要素を差し込む

リストに要素を差し込める関数だよ。リストの好きな位置に新しい要素を差し込めるんだ。insertは「差し込む」という意味の英単語だ。

□ 021 **clear()** _{クリア} ▶▶▶ リストの全要素を削除する

リストの全要素を一気に削除する関数だよ。clearは「スッキリさせる」という意味の英単語だね。

□ 022 **len()** _{レン} ▶▶▶ 配列の長さを求める

リストの長さ（要素の数）を求められる関数だよ。例えば、1,3,5,7が入った配列の長さは「4」となるね。lenは「長さ」を表す英単語length（longの名詞形）から来ているよ。

□ 023 **range()** _{レンジ} ▶▶▶ 連続した数字リストを作る

連続した数値のリストを作ることができる関数だよ。始まり、終わり、間隔を指定することができるよ。rangeは「範囲」という意味の英単語だよ。

☐ 024 **for文**
フォーブン
▶▶▶ 回数を決めて繰り返す

「0から9まで数を順番に表示する」といった処理をしたいときに、プログラミングでは**繰り返し処理**を上手に使えると効率良く処理できるんだ。繰り返しの処理をするときに使えるのがfor文だ。

```
for a in range(10):
    print(a)
```

のように使うよ。

このコードでは、range（10）でできた0,1,2,,,,9のリストの1つ1つの要素に対して出力する（print）という処理を繰り返し行っているよ。

もしfor文を使わない場合は、

```
print(0)
print(1)
print(2)
...
```

や

```
i = 0
print(a)
i += 1
print(i)
...
```

のように書かなければいけなくてすごく面倒になってしまうね。

コードを体験

読み込んで確認！

```
# 腕立て伏せする回数
count = input('何回腕立て伏せする？')

# 腕立て伏せする
for i in range(count)：
    push_up()
```

☐ **025** **while文**（ワイルブン） ▶▶▶ 回数を決めずに繰り返す

forだけでなく、whileを使って繰り返し処理をすることもできるよ。回数は決まっておらず、条件が満たされている限り同じ処理を繰り返すよ。

```
a = 0
while a < 10:
    print(a)
    a += 1
```

のように使うよ。

このコードでは、「aの値を出力して、aの値を1増やす」という処理を繰り返し行っているよ。「a<10」という条件を満たしている間処理が繰り返されるから、aの値が10になったら処理はストップするよね。

□ 026 **break** ブレーク ▶▶▶ 繰り返しの強制終了

forやwhileで繰り返し処理をしている途中で強制的に終わらせることができるよ。breakは「中断する」という意味の英単語だよ。

□ 027 **continue** コンティニュー ▶▶▶ 繰り返し処理で次のループにいくこと

繰り返し処理をしている途中で、次の回へスキップして続けることができるよ。continueは「続ける」という意味の英単語だよ。

□ 028 **引数** ヒキスウ ▶▶▶ 関数に入力する値

〇〇日の天気は？

〇〇日の天気は▲▲です

引数 🚚 〇〇→18

18日の天気は晴れです

関数に入れる値のことだよ。例えば、Siriに「今日の天気は？」と聞くと今日の天気を教えてくれるし、「明日の天気は？」と聞くと明日の天気を教えてくれるよね。「〇〇の天気は？」というのが1つの関数になっていて、〇〇に引数として日にちを入れると、それに対応した天気を教えてくれるようなイメージだね。

☐ 029 **戻り値・返り値** ▶▶▶ <u>関数から出力される値</u>

関数から出てくる値のことだよ。例えば、Siriで天気を聞いたときの「今日の天気は晴れです」「明日の天気は曇りです」といった答えが戻り値だね。

○○日の天気は?

○○日の天気は▲▲です

戻り値

☐ 030 **def** ▶▶▶ <u>定義</u>

「これから関数を作ります!」とコンピュータに教えるために必要な合言葉だよ。運動会の「宣誓!」みたいなものだね。「定義」という意味の英単語「definition」から来ているよ。

☐ 031 **return** ▶▶▶ <u>呼び出し元に値を渡す</u>

関数を作る時に、何の値を戻り値として出すかを指定するために必要な合言葉だよ。

コードを体験

読み込んで確認！

```
def ask_weather(date):
  # 天気を取得
  weather = get_weather(date)

  # 天気を返す
  return weather

ask_weather('2024/04/05')
```

□ **032** **スコープ** ▶▶▶ 変数や関数を参照できる範囲

変数や関数には使える範囲があって、その範囲のことをスコープというよ。私たちの生活でも一部の人との間だけで通じる言葉や決まりごとがあったりするよね。親には通じない若者言葉とか、学校内だけの変わった校則とか！

□	033	辞書 (ジショ)	▶▶▶	値に名前をつけて保持するもの
□	034	キー	▶▶▶	値についた名前
□	035	バリュー	▶▶▶	値
□	036	in (イン)	▶▶▶	辞書にあるかどうか

ただ値だけを保存するのではなく、1つ1つに対応する名前をつけて保存したい時がある。例えば、期末テストの点数を保存しておきたいときに、リストで保存してしまうと、どの点数がどの教科の点数なのか分かりづらくなってしまうよね。一方で、国語の点数、数学の点数…とそれぞれ変数を用意するのも面倒くさい…。そこで、国語：70、数学：90という感じで各点数に教科名をつけて保存できると、分かりやすいし楽になりそうだよね。

このように、対応する2つの値をセットで保存しておくものを辞書というよ。国語辞典などの辞書も単語と意味がセットで書かれているよね。処理に使う値をバリュー、値につける名前をキーと呼び、キーを指定することでバリューを取り出せるよ。

期末テストの例なら、「国語」というキーを使って、「70」という値を取り出すんだね。また、inという演算子を使うことで、指定したキーが辞書にあるかどうかを調べることができるよ。辞書にあればTrue、なければFalseと表されるよ。

コードを体験

読み込んで確認!

```
# メニュー
menu = {
'DG01' : 'ミラノ風ドリア',
'SA02' : '子エビのサラダ',
'PZ01' : 'マルゲリータ',
'PA01' : 'タラソースミミリー風'
}

# 注文
order_code = input('ご注文はお決まりですか？')
# 料理の提供
if order_code in menu:  #もし注文番号がメニューにあったら
    my_dish = menu[order_code]
else :
    print('注文番号が間違っています')
```

☐ **037** **型** カタ ▶▶▶ <u>値の種類</u>

変数に書き込んでいい値の種類のことで、種類の違う値を
書き込むことは基本的にできないよ。赤い付箋には数字し
か書いちゃダメ、青い付箋には文章しか書いちゃダメと予
め決めているイメージだね。

☐ 038 イント **int()** ▶▶▶ <u>整数に変換する</u>

intは整数を使うための型で、int()で( )の中の数値または文字列を整数に変換することができるよ。

☐ 039 フロート **float()** ▶▶▶ <u>小数に変換する</u>

floatは小数を使うための型で、float()で( )の中の数値または文字列を小数に変換することができるよ。float型では、そのうち「浮動小数点数」というものが使われているよ。だから「浮く」という意味のfloatが使われているんだ。フロートと言えば、コーラフロートはコーラの上にアイスが浮かんだ飲み物だね！

☐ 040 ストリング **str()** ▶▶▶ <u>文字列に変換する</u>

strは文字列を使うための型で、str()で( )の中の数値や真偽値を文字列に変換することができるよ。
strは「紐（で繋いだもの）」という意味の英単語「string」から来ているよ。

□ 041 **None** ▶▶▶ 何もない

Noneは「何もない」という意味の英単語で、変数などの値が何も入っていないときにNoneと表すよ。
0と勘違いしやすいから注意しよう。変数の値が0のときは付箋に0という数字が書かれている状態だけど、Noneの時は何も書かれていない空白の状態だ。

コードを体験

\読み込んで確認!/

```
# フルーツ
fruit_list = {
'orange':1,
'apple':2,
'peach':3
}

# 欲しいフルーツを聞く
order = input('ヘイらっしゃい！')

# フルーツの在庫をとる
fruit = fruit_list[order]

# お客さんと話す
if fruit == None:
  print('うちじゃ取り扱ってないねえ')
elif fruit < 1:
  print('売切れちまったあ')
else:
  print('毎度あり！')
```

bool() ブール ▶ ▶ ▶ 真偽値に変換する

boolは真偽値を使うための型で、bool()で()の中の数値または文字列を真偽値に変換することができるよ。変数の中身が空だったり、0の場合にFalseとなり、それ以外の場合はTrueとなるよ。

☐ 043 **open()** オープン ▶ ▶ ▶ ファイルを開く

☐ 044 **close()** クローズ ▶ ▶ ▶ ファイルを閉じる

☐ 045 **with** ウィズ ▶ ▶ ▶ ファイルを開いて、最後に閉じる

☐ 046 **read()** リード ▶ ▶ ▶ ファイルを読み込む

☐ 047 **write()** ライト ▶ ▶ ▶ ファイルに書き込む

プログラミングでは、パソコンやインターネット上にあるファイルのデータを使って処理をしたり、逆に処理した結果をファイルに保存したい時があるんだ。ファイルの読み書きに必要な関数をいくつか紹介するよ。

open()
ファイルを開くための関数だよ。()の中にファイルの場所を書くと開くことができるよ。
openは「開く」という意味の英単語だね。

close()
ファイルを閉じるための関数だよ。開いたファイルの後に、close()と書くとファイルを閉じることができるよ。
closeは「閉じる」という意味の英単語だね。

with

withを使うと、open()でファイルを開いてclose()で閉じるという作業を省略して書くことができるよ。ファイルの閉じ忘れの心配などがなくなるから安心だね。

read()

ファイルを読み込むための関数だよ。readは「読む」という意味の英単語だね。

write()

ファイルに書き込むための関数だよ。writeは「書く」という意味の英単語だね。

プログラミングでは、自分や他の人が作った便利な機能を組み合わせていくことで効率的にプログラムを作るよ。

プログラムの書かれた1つのファイルをモジュールと呼び、いくつかのモジュールを集めたものをパッケージ、さらにパッケージをいくつか集めたものをライブラリと呼ぶよ。

数学や物理で出てくる公式をより楽に答えを求めるための便利な機能（関数）だと考えると、モジュール は「面積の公式集」「三角比の公式集」といった1つ1つの本、パッケージ は「図形の公式シリーズ」「数列の公式シリーズ」といった本のシリーズ、ライブラリは「数学の本棚」「物理の本棚」といった本棚のイメージだね。

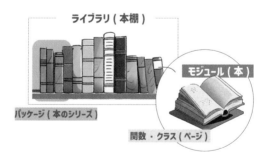

ライブラリ (本棚)

モジュール (本)

パッケージ (本のシリーズ)

関数・クラス (ページ)

NEXT STEP 3-3

これで君もプログラマー!
トランプゲームを作ってみよう!

NEXT STEP 3-2で学んだPythonを使って、トランプゲームを作成してみよう! アプリやゲームには見た目が必要と思うかもしれないけど、コマンドを活用することもできるんだ。

ハイアンドローのルール

今回はハイアンドローというゲームをシンプルにして実装してみよう。ルールは次のとおりだよ。

1. 1から13までのカードが1枚ずつある
2. 13枚のカードをシャッフルする
3. まず1枚目のカードをめくる
4. そのカードが次にめくるカードよりもハイ(大きい)かロー(小さい)かを予想する
5. カードをめくり、結果を確かめる。正解したら1ポイント加点
6. めくったカードを捨てる
7. 次のカードをめくる
8. 4から7をカードがなくなるまで繰り返す
9. 最終的なポイントを競う

開発する準備をしょう

Pythonのプログラムを書いたりコードを実行したりできるツールを開発環境と呼ぶよ。今回は開発環境として、無料で使用できる **Google Colaboratory(グーグル・コラボラトリー)** を使用しよう。
まずはGoogle Colaboratoryと検索しよう。

続いてGoogle Colaboratoryというサイトをクリックしよう。

こんなサイトが表示されたかな？　ここからはGoogleアカウントでログインする必要があるよ。Googleアカウントを持っていなければアカウントを作成してみよう！

ログインが完了すると、こんな画面になるよ。「ノートブックを新規作成」をクリックして、新しくPythonコードを書ける画面に移動しよう。

こんな画面に移動できたら、開発する準備は完了だよ！ さっそく
Pythonコードを書いていこう！

プログラムを書く前に

「よし、プログラムを書くぞ！」と意気込んでいるところ申し訳ないんだけど、プログラムを書く前に頭の中を整理してみるよ。「いや、そんな必要ない！」という人はそのまま進んでもちろんOK！　もし行き詰まったらここに戻ってきてね。最初から手堅く進めていきたい人は頭の整理にお付き合い願う！

プログラムを書いていると、だんだんと**自分がどんな機能を作りたいのか分からなくなってくる**ことがあるよ。まるで地図を持たずにジャングルの中を歩いているみたいにね。ちゃんと目的地に辿り着くためには地図が必要なように、まずは頭の整理をして、**これから作っていくことを日本語で書き出してみよう**。迷い始めたら、それを地図代わりに使ってみてね。

では、ハイアンドローのルールを振り返ってみよう。
1. 1から13までのカードが1枚ずつある
2. 13枚のカードをシャッフルする
3. まず1枚目のカードをめくる
4. そのカードが次にめくるカードよりもハイ（大きい）かロー（小さい）かを予想する
5. カードをめくり、結果を確かめる。正解したら1ポイント加点
6. めくったカードを捨てる
7. 次のカードをめくる
8. 4から7をカードがなくなるまで繰り返す
9. 最終的なポイントを競う

ふむふむ。これだけ読んでもまだ難しいね。ここではヒントを出すよ。プログラムは順番に処理を実行していくんだ。ただし、そこに条件分岐や繰り返し処理が混ざってくるんだ。条件分岐や繰り返し処理は複雑に思えるけど、その中身も同じく順番に処理をしていくだけなんだ。だから、条件分岐や繰り返し処理を見つけたら、その中でどんな処理を順番に実行するかを見極めよう！

今回はこんな条件分岐があるね。

    4. 次のカードがめくったカードよりもハイ(大きい)かロー(小さい)かを予想する

    5. 正解したら1ポイント加点

正解した場合は1ポイント加点する処理を実行して、不正解だった場合は何もしないって感じかな。

続いてこんな繰り返し処理があるね。

    8. 4から7をカードがなくなるまで繰り返す

このゲームは、4から7のステップが一連の流れとなっていて、それを繰り返しているにすぎないんだ。だからこの流れを1周分実装してしまえば、あとはそれをカードの枚数分繰り返すだけということになる。だんだん頭が整理されてきたかな?

それではこんな方針でコードを書いてみよう!

    1. 必要な値を最初に書いてしまう

    2. 1枚目のカードをめくる

    3. 2枚目のカードが1枚目よりもハイかローか予想する

    4. 正解したら1ポイント加点

    5. 1から4でまず動くかを確かめる

    6. うまく動いたら2回分繰り返すように実装してみる

    7. 6で動くかを確かめる

    8. うまく動いたらカードの枚数分繰り返すように実装してみる

プログラムはまず**小さく書いていく**ことが大切なんだ。そして書いたプログラムを動かして、エラーが起きたら修正して、また動かして…と繰り返していくんだ。**うまく動いたら少し大きく**してみる。そんな感じで、だんだんとプログラムを完成に近づけてみよう。

プログラムに正解はないから、気楽に挑戦していこう!

> 必要な値を最初に書いてしまう
>
> では最初に必要な値を書いてしまおう。再生ボタンの部分にカーソルを
> 当てて、文字を入力できる状態になっていることが確認できるかな？

> まずは必要な値を書いていくよ。今回は13枚のカードを使うから…

```
# カードを定義
cards = [1, 2, 3, 4, 5, 6, 7, 8, 9, 10, 11, 12, 13]
```

> 続いて予想が当たったときに点数を保持するために…

```
# 点数を初期化
points = 0
```

これらを書くと、このような画面になるよ！

では再生ボタンを押してコードを実行してみよう！

再生ボタンの左側にチェックマークがついて、プログラムの実行が完了したね。まだ値を宣言しただけだから、特に何も表示されないんだ。でもこのように、こまめにプログラムを動かすことが大事なんだ。特に変化がなかったということは、**エラーが起きないと分かった**ということだからね！　続きを書いていこう！

ユーザーの入力を受け取る

プログラムを本格的に書く前に、まずはユーザーの予想を受け取れるか試してみよう。こんなコードを追加してみてね。

```
# ユーザーの予想を受け取る
prediction = input("次のカードはハイ(H) or ロー(L)?: ")
print(prediction)
```

inputはユーザーからの入力を受け取る関数だったね。逆にprintを使うと渡した値を出力できるんだ。再生ボタンを押して実行してみよう！ メッセージが表示されると同時に、テキストを入力できるようになったかな？何か適当な値を入力してみよう！

そうするとあら不思議！ 入力した内容が出力されたね！ これでinputとprintがちゃんと動いていることを確認できたね！

ハイかローか1回予想してみる

では実際にゲームのプログラムを書いてみよう！　一気に完成を目指すのではなく、小さく1回だけ動くプログラムを書いてみよう。

```python
current_card = cards[0]  # 最初のカード
next_card = cards[1]  # 2番目のカード

print(f"現在のカード: {current_card}")
```

次のように書けたかな？

```
# カードを定義
cards = [1, 2, 3, 4, 5, 6, 7, 8, 9, 10, 11, 12, 13]

# 点数を初期化
points = 0

current_card = cards[0] # 最初のカード
next_card = cards[1] # 2番目のカード

print(f"現在のカード: {current_card}")

# ユーザーの予想を受け取る
prediction = input("次のカードはハイ(H) or ロー(L)?: ")
print(prediction)
```

これでリストの1番初めのカードと2番目のカードを取り出せるね。では実行して遊べるか試してみよう！

```
# カードを定義
cards = [1, 2, 3, 4, 5, 6, 7, 8, 9, 10, 11, 12, 13]

# 点数を初期化
points = 0

current_card = cards[0] # 最初のカード
next_card = cards[1] # 2番目のカード

print(f"現在のカード: {current_card}")

# ユーザーの予想を受け取る
prediction = input("次のカードはハイ(H) or ロー(L)?: ")
print(prediction)
```

```
現在のカード: 1
次のカードはハイ(H) or ロー(L)?: H
H
```

216

ちゃんと動いていそうだね！　あれ、でも何回実行しても「現在のカード：1」と表示されるぞ…ってカードのリストをシャッフルしていなかったね！

シャッフルするときはrandomモジュールを使うよ！　コードの1番上に、randomモジュールを使うという宣言をしよう。

```
import random
```

シャッフルする準備が整ったね！　リストをシャッフルするには次のコードを追加しよう！

```
# カードをシャッフル
random.shuffle(cards)
```

コードは次のようになったかな？

```
import random

# カードを定義
cards = [1, 2, 3, 4, 5, 6, 7, 8, 9, 10, 11, 12, 13]

# 点数を初期化
points = 0

# カードをシャッフル
random.shuffle(cards)

current_card = cards[0] # 最初のカード
next_card = cards[1] # 2番目のカード

print(f"現在のカード: {current_card}")

# ユーザーの予想を受け取る
prediction = input("次のカードはハイ(H) or ロー(L)?: ")
print(prediction)
```

改めてコードを実行してみよう！　1が出る場合もあるけど、それ以外の
数字が出る場合もあるね！　シャッフルすることに成功したようだ！

```
import random

# カードを定義
cards = [1, 2, 3, 4, 5, 6, 7, 8, 9, 10, 11, 12, 13]

# 点数を初期化
points = 0

# カードをシャッフル
random.shuffle(cards)

current_card = cards[0] # 最初のカード
next_card = cards[1] # 2番目のカード

print(f"現在のカード: {current_card}")

# ユーザーの予想を受け取る
prediction = input("次のカードはハイ(H) or ロー(L)?: ")
print(prediction)
```

```
現在のカード: 11
次のカードはハイ(H) or ロー(L)?: H
H
```

正解か不正解かを判定する

まだ正解か不正解かを判定できていないね！　次のコードを追加して、予想が正しいかチェックできるようにしよう。

```python
# 予想が正しいかチェック
if (prediction == "H" and next_card > current_card) or (prediction == "L" and next_card < current_card):
    points += 1
    print("○\n")
else:
    print("×\n")
```

「ハイ(H)と答えたときは、次のカードが今のカードよりも大きければ正解」または「ロー(L)と答えたときは、次のカードが今のカードよりも小さければ正解」という条件式になっているね！　すぐに分からなくても大丈夫だよ。じっくり考えてみよう！

これを実行してみるとこんな感じになったかな？　もう遊べちゃうね！

では1回分遊べるようになったから、カードの枚数分繰り返すように修正
してみよう。繰り返し処理にはそう、for文を使えるね！　for文を使用し
て次のように書き換えてみよう。

```
for i in range(len(cards) - 1):
  current_card = cards[i]
  next_card = cards[i + 1]
```

カードの枚数は13枚だから、0以上12未満の範囲で繰り返し処理を実行
しているね。つまり、変数iには0から11までの整数が繰り返し処理のた
びに順番に入るんだ。

では最後に、点数を表示する処理も追加しておこう。

```
# 最終的なポイントを表示
print(f"終了!\nポイントは {points} 点!")
```

次のようにコードを書けたら完成だ！

```
import random

# カードを定義
cards = [1, 2, 3, 4, 5, 6, 7, 8, 9, 10, 11, 12, 13]

# 点数を初期化
points = 0

# カードをシャッフル
random.shuffle(cards)

for i in range(len(cards) - 1):
    current_card = cards[i]
    next_card = cards[i + 1]
    print(f"現在のカード: {current_card}")

    # ユーザーの予想を受け取る
    prediction = input("次のカードはハイ(H) or ロー(L)?: ")

    # 予想が正しいかチェック
    if (prediction == "H" and next_card > current_card) or (prediction == "L" and next_card < current_card):
        points += 1
        print("○\n")
    else:
        print("×\n")

# 最終的なポイントを表示
print(f"終了！\nポイントは {points} 点!")
```

これで実行してみよう！　最後まで答えて、ポイントが表示されたかな？

```
現在のカード: 13
次のカードはハイ(H) or ロー(L)?: L

現在のカード: 6
次のカードはハイ(H) or ロー(L)?: H
○

現在のカード: 12
次のカードはハイ(H) or ロー(L)?: L

現在のカード: 8
次のカードはハイ(H) or ロー(L)?: L
○

現在のカード: 2
次のカードはハイ(H) or ロー(L)?: H

現在のカード: 3
次のカードはハイ(H) or ロー(L)?: H
×

終了！
ポイントは 10 点!
```

ここまで書けたらハイアンドローの完成だ！　よく頑張ったね！

変数や条件分岐、繰り返し処理を使うことで、ほとんどのプログラムを
書くことができるはずだ！　他にも実装してみたい処理を見つけたら気
楽に実装してみてね。

コードの全容

```python
import random

# カードを定義
cards = [1, 2, 3, 4, 5, 6, 7, 8, 9, 10, 11, 12, 13]

# 点数を初期化
points = 0

# カードをシャッフル
random.shuffle(cards)

for i in range(len(cards) - 1):
  current_card = cards[i]
  next_card = cards[i + 1]

  print(f"現在のカード: {current_card}")

  # ユーザーの予想を受け取る
  prediction = input("次のカードはハイ(H) or ロー(L)?: ")

  # 予想が正しいかチェック
  if (prediction == "H" and next_card > current_card) or (prediction == "L" and next_card
    points += 1
    print("○\n")
  else:
    print("×\n")

# 最終的なポイントを表示
print(f"終了!\nポイントは {points} 点!")
```

情報通信ネットワークとデータの活用

□ 320　**ネットワーク** ▶▶▶ <u>コンピュータ同士のつながり</u>

データをやりとりするときに使う仕組みだよ！　友達同士
で糸電話をするとしたら、その糸がネットワークだね！

例　部活の試合で他県の生徒とLINEを交換できた！
ネットワークが広がったぞ！

□ 321　**LAN**
（ラ　ン）
▶▶▶ <u>狭いネットワーク</u>

Local Area Network（ローカルエリアネットワーク）の略
で、Wi-Fiのように比較的近くでデータをやりとりするた
めのネットワークだよ。家や学校で使うことが多いね！

例　友だち同士で交換日記をしているんだ。友だち同士でやってる交
換日記は、LANくらい狭いつながりだね！

☐ 322 **WAN** ▶▶▶ 広いネットワーク

Wide Area Network（ワイドエリアネットワーク）の略で、遠くのコンピュータとデータをやりとりするためのネットワークだよ。クラスの友だちとおうちでLINEするときや、はたまた外国の誰かと連絡をとるときにも使うね！

例 僕たちの学校はニューヨークに姉妹校があって、たまに生徒同士で交流をしているよ。海を越えたWANくらい広い関係なんだ！

☐ 323 **インターネット** ▶▶▶ 世界規模のネットワーク

世界中の人がコンピュータを介してつながれるネットワークのことだよ。みんなが普段触れているWebサイトや動画、ゲーム、音楽はインターネット上にあるんだよ。

例 図書館は館内でないと本を借りれないけど、インターネットを使えば世界中どこにいても世界中の本を読めるね！

☐ 324 **Wi-Fi** ▶▶▶ 無線でつながるネットワーク

電波を使ってデバイス同士が通信するための技術だよ。無線でインターネットに接続したり、デバイス同士を連携させるのに利用されるんだ。

例 かいととなおやはなんだかんだとても仲がいいね。息が合っていてWi-Fiみたいだ。

□ 325　**bps**　ビービーエス　▶▶▶ <u>速さの単位</u>

bit per second の略で、1秒間に送れるデータの量を示す
単位だよ。インターネット回線がどれくらい速いかを確認
できるね！

例　このゲームは重いから、bpsが小さいと動きがカクカクしちゃうん
　　だよね。

□ 326　**ARPANET**　アーパネット　▶▶▶ <u>インターネットの原型</u>

インターネットができる前、軍事目的で使われた初めての
ネットワークのこと。コンピュータ同士がデータを分割し
て送り合う方式を初めて採用したことで、後のインターネ
ットの基盤になったんだ。

例　伝統的なやり方だ！　まるでインターネットでいうARPANETみた
　　いだね。

□ 327　**ISP**　アイエスピー　▶▶▶ <u>インターネットの水道局</u>

Internet Service Providerの略で、インターネットを使え
るように工事や設定をしてくれる会社のことだよ。私たち
がインターネットを使いたいときは、ISPと契約して利用
料を支払う必要があるんだ。

例　気になるあの子と連絡できるように、スマホを契約したぞ…！
　　店員さんは俺にとってのISPだ！

☐ **328** **ルーター** ▶▶▶ <u>案内役</u>

データが異なるネットワークの間を移動するときに、正しい経路に案内してくれるよ。英語で経路を意味するroute（ルート）が由来だ。分かれ道でどの道に行けば良いか教えてくれるようなものだね！

例 ルーターが壊れて電波の案内役がいなくなって、Wi-Fiが繋がらなくなっちゃった！

☐ **329** **ルーティング** ▶▶▶ <u>データの道案内</u>

ネットワークの中で、データがどの道を通って目的地に行くかを決める仕組みのこと。効率的な経路を見つけて、データを早く届けるようにしているんだ。

例 このカーナビは、混んでいない道路を自動で選んでくれる。ルーティングが得意なようだな。

☐ **330** **アクセスポイント**

▶▶▶ <u>通信やインターネットに接続するための拠点</u>

スマートフォンやパソコンが通信するとき、その中継地点となる場所のこと。例えば、カフェや図書館にあるWi-Fiのルーターがアクセスポイントだよ。

例 かおるはクラスの中心となって色んな人に話を振ってくれているよね。まるでアクセスポイントのよう。

□ 331 **ハブ** ▶▶▶ みんなに放送

自分につながっている全てのコンピュータにデータを送る
装置だよ。校内放送で放送室から学校全体にお話するの
と似ているね！

> **例** かおる 「今日は防災訓練だから、校内放送があるね！」
> かいと 「学校中の生徒に連絡されるから、ハブみたいだね！」

□ 332 **スイッチ** ▶▶▶ 特定の誰かに伝言

自分につながっているコンピュータのうち、特定のコンピ
ュータにデータを送る装置だよ。特定の情報を特定の誰か
に伝えるようなイメージだね！

> **例** かおる「かいと、また授業中に寝てたでしょ！　先生が怒ってたよ！」
> かいと 「ええ！　かおる、スイッチとして伝言してくれてありが
> とう！　今のうちに逃げるぜ！」
> かおる 「もう、ちゃんと謝ってきなさいよ！」

□ 333 **VPN** ▶▶▶ 仮想プライベートネットワーク
　　　ブイピーエヌ

インターネット上でセキュアな通信を行うための仮想的な
ネットワークのこと。VPNを使うと、通信が暗号化されて
いて安全にデータをやりとりできるよ。

> **例** 校庭がどんなに混んでいてもなおやとのキャッチーボールは絶対
> に安定しているし他の人にも当たらないんだよね。まるでVPNだ。

□ 334 **ONU** オーエヌユー ▶▶▶ 光とデジタルの変換装置

光信号と電気信号を互いに変換する装置だよ。私たちが
普段スマホやパソコンを使う時、スマホやパソコン内では
電気を使って情報をやり取りしているけど、他のスマホや
パソコンとやりとりをするときは光を使っているんだ。この光信号と電気信号
の切り替えをするためにONUが必要なんだ。

例 ONUが故障して、インターネットに繋がらなくなった…！

□ 335 **プロトコル** ▶▶▶ 決まりごと

コンピュータ同士がデータを送り合う時に使うルール
だよ。例えば、先生が来るか見張っている友だちが先
生が来たことを知らせるために何かサインを送ってき
たら、それはプロトコルと言えるね！

例 なおや「俺が親指を立ててグッドってサインを送ったら、ストレ
ートを投げるんだぞ！」
かいと「わかった！　それが俺たちのプロトコルだな！」

□ 336 　**TCP /IP**　ティーシーピー　アイピー　▶▶▶ 通信の決まりごと

インターネットで通信するときに使われるプロトコルだよ。
TCPとは、通信相手と何度も確認をしながら安全にデータ
を送るためのルールだよ。IPとは、データが正しい宛先に
送られるように、宛先を住所のようなもので指定するルールだよ。これらの2
つのルールを使って、現在使われているインターネットは動いているんだね！

例　かいと 「TCP/IP プロトコルに従って、返信が来るまでずっとラブ
　　　レターを送っているんだ！」
　　なおや 「嫌われるぞ…」

□ 337 　**伝送制御**　デンソウセイギョ　▶▶▶ データ送信の管理

データを確実に送るためにエラーをチェックしたり、送信
相手の状況を確認しながらデータを送信する方式だよ。友
達に大切なメッセージを確実に伝えるために、確認するよ
うなものだね！

例　かおる「かいと！　テスト範囲が変更されたよ！」
　　かいと「むにゃむにゃ…」
　　なおや「居眠りしてて伝わってない…せっかくのかおるの伝送制御が
　　　無駄だな」

□ 338 **回線交換方式** ▶▶▶ 電話

一時的に回線を独占して、1対1で通信する方法だよ。その
回線を使っている間は、他の通信でその回線を使うことは
できないんだ！

例 お父さんが野球を観ているからアニメを観られなくて、回線交換
方式みたいだ…僕も自分のテレビが欲しいな。

□ 339 **パケット通信** ▶▶▶ 分割して通信

□ 340 **パケット** ▶▶▶ 分割されたデータ

データを小分けにして送信する通信方法のことだよ。小分
けにされたデータをパケットというよ。大きいデータをひとまとまりで送ると、
そのデータが道を通っている間、他のデータは全く通れなくなってしまうから、
たくさんのデータが待つ羽目になってしまうね。データを小分けにすると、同
時に複数のデータが道を譲りながら少しずつ通れるようになってみんなが幸せ
になるんだ。

例 まとめてバーっと話されても理解できないよ！ パケット通信み
たいにもっと分割して、僕が理解できてから次の内容を話してよ！

□ 341 **ヘッダ** ▶▶▶ ラベル

パケットの先頭についた情報のことだよ。例えば、データ
をどこに送れば良いかを示す宛先が書かれているよ！

例 手紙に郵便番号や住所を書くのが、ヘッダみたいなものだよ。

□ 342 **IPアドレス** ▶▶▶ 緯度経度

緯度経度のような、インターネット上の場所を示す数値だよ。ネットワークにつながっているどのコンピュータかを示しているよ。

例 かいと「年賀状を出したいからなおやの家のIPアドレス教えてよ！」
　　なおや「え！　緯度経度を指定して年賀状送るの？！」

□ 343 **IPv4**（アイピーブイフォー） ▶▶▶ IPアドレスのバージョン4

コンピューターがインターネットで通信するための住所のこと。数字で表されていて、IPv6という進化版もあるよ。

例 かいと「なおやのIPv4はどこ？」
　　なおや「インターネットか。〇〇市〇〇町だよ」

□ 344 **IPv6**（アイピーブイシックス） ▶▶▶ IPアドレスのバージョン6

インターネット上のデバイスに一意の識別子であるIPアドレスを提供するための新しいバージョンのこと。IPv6はIPv4のアドレス不足問題を解決するために導入されたんだ。

例 かいと「なおやのIPv6はどこ？」
　　なおや「インターネットの住所かよ。〇〇国〇〇県〇〇市〇〇町〇〇-〇〇だよ」

□ 345 **DHCPサーバー** ▶▶▶ <u>IPアドレス配布者</u>

接続されているコンピュータにIPアドレスを自動で割り振るサーバーのことだよ。席替えのときに生徒が自分で番号を振るのではなくて、先生が決めてくれた方が楽だよね！

例 かいと「いつも席替えで先生の前の席になるから、今日は俺に番号を振らせてください！」
なおや「ついにDHCPサーバー役を志願したな」

□ 346 **パリティビット** ▶▶▶ <u>1の数が偶数個か奇数個か示す印</u>

データにエラーが生じないように、ビットを追加してその数を偶数か奇数にする仕組み。データが正しく送受信されているか確かめるのに使われるよ。

例 数学の問題が解き終わったら必ず検算をしよう。パリティビットを使って、データをチェックするのと同じだね。

□ 347 **ドメイン** ▶▶▶ <u>コンピュータの住所</u>

IPアドレスを名前に変換したものだよ。IPアドレスは数値でできているから、人間がわかりやすいように名前をつけるんだ！

例 かいと「緯度経度じゃ郵便屋さんは届けてくれないみたい…代わりにドメインを教えて！」
なおや「住所のことね！ えーっと…」

□ 348　ディーエヌエス **DNS** ▶▶▶ 電話帳

Domain Name Systemの略で、ドメイン名をIPアドレスに変換してくれるシステムだよ！　データはドメイン名を指定して送られるけど、コンピュータはドメイン名ではどこに送れば良いか分からないから、DNSがどのIPアドレスに送れば良いかを教えてくれるんだ！

例　なおや「住所を教えてくれたら緯度経度が分かるんだ！」
　　　かおる「変態DNSマンだ！」

□ 349　**サーバー** ▶▶▶ 店員さん

データを他のコンピュータに提供するコンピュータをサーバーというよ。普段使っているパソコンやスマホと同じくサーバーもコンピュータだけど、サーバーはより高性能でほぼ休むことなくずっと働き続けるように作られているんだ。また、データセンターといった特別な場所に置かれ、これらの場所はサーバーがより高い性能を発揮できるように、温度や湿度が管理されているよ。

例　あの店員さん、たくさんのお客さんの注文に応えて、ずっと働いていてすごい！　まるでサーバーみたい！

☐ 350 **クライアント** ▶▶▶ <u>お客さん</u>

サーバーから機能やサービスを受け取る機器やソフトウェアのことをクライアントと呼ぶよ。クライアントはサーバーに、Webページのデータや画像、動画、音楽などを注文して、画面に表示したり再生したりしているんだ！ サーバーと違って長時間使い続けるのではなく、必要なときに使って、使わないときは休ませてあげるんだ。

例 コーヒーを注文するためにカフェに来た！ クライアントとして注文しよっと！

☐ 351 **クライアントサーバーシステム** ▶▶▶ <u>カフェ</u>

クライアントとサーバーで構成されるシステムのことだよ。例えば、カフェの店員さんとお客さんのように、「〇〇ください」と頼む側と「〇〇どうぞ」と提供する側の関係だよ。データを頼むのをクライアント、データを提供する側をサーバーと呼ぶよ。

例 かいと「カフェでコーヒーを注文したよ！」
なおや「クライアントサーバーシステムだから、少し待ったらコーヒーが届くね！」

□ 352 **ピア・ツー・ピア方式** （ホウシキ） ▶▶▶ 直接やりとり

コンピュータ同士が直接データをやりとりする方式だよ。例えば農家さんから直接野菜を買うのと似ているね！

(例) かおる「うちは食にこだわっているから、八百屋さんじゃなくて近所の農家さんからピア・ツー・ピア方式で直接野菜を買っているの！」

□ 353 **Webページ** （ウェブ） ▶▶▶ インターネット上のページ

インターネット上に公開された文書だよ。例えば動画をみられるページや音楽を再生できるページのように、文章以外の内容を公開しているWebページもあるんだ！

(例) かおる「今月の新聞の見開き1ページで好きなブランドが特集されてるの！」
なおや「ふ～ん。新聞だと面積が大きいからWebページの方が好きなサイズで見られて楽じゃない？」

□ 354 **Webサイト** （ウェブ） ▶▶▶ Webページの集まり

Webサイトは、インターネット上でアクセスできるWebページの集まり。情報発信や商品販売、コミュニケーションなどに使われるよ。

(例) 文化祭のWebサイトは色んな出し物の情報が載っていて便利だな。

☐ **355** **URL**（ユーアールエル） ▶▶▶ Webページの住所

インターネット上のコンテンツの場所を示す名前だよ。例えば https://www.google.com/ は Google の検索サイトの場所を示しているよ。URLを入力すると Google の検索サイトが表示されるのは、ブラウザがその場所からサイトのデータを取得してくるからなんだ！

> **例** URLをメモしてあるから、いつでも好きなWebページを見られるぞ！

☐ **356** **ハイパーリンク** ▶▶▶ リンク

Webページで、他のページへジャンプできるようになっている特別な文字や画像。クリックすると、別のページに飛ぶことができるんだ。

> **例** 先生の講義資料には参考情報がたくさん載っていてわかりやすいな。ハイパーリンクがたくさん載っているような便利さがあるね。

☐ **357** **WWW**（ダブリューダブリューダブリュー） ▶▶▶ 世界中をつなぐネットワーク

World Wide Web の略で、世界規模でつながった巨大なネットワークだよ！ 一般的にWebとも呼ばれていて、Webサイトや動画、ゲーム、音楽などのコンテンツがたくさん置かれているよ。

> **例** Webには情報がたくさんあって、巨大な図書館みたいだね。

□ 358　**HTTP**　エイチティーティーピー　▶▶▶ Webページを表示するためのやりとりの決まり事

Hypertext Transfer Protocolの略で、その情報が他の人に見られないように保護するために、Webブラウジング中に情報をやりとりするときのルールのこと。例えば、オンラインでお買い物をするときに使われるんだ。

例　なおや「なんでダイイングメッセージって、わかりづらいんだろうね」
かいと「殺人者が理解できると、メッセージを消されちゃうからだろうね。HTTPを使って、第三者に自分のパスワードを盗られないようにするみたいにさ」

□ 359　**HTTPS**　エイチティーティーピーエス　▶▶▶ より安全なHTTP

Hypertext Transfer Protocol Secureの略で、通信を暗号化している、Web情報のやり取りに関する仕組みのことだよ。ネットバンキングや個人情報のネット登録時には、HTTPSが使われるよ。

例　この学校には制服を着ないと入れないよ。HTTPSのようだね。

□ 360 **HTML** エイチティーエムエル ▶▶▶ Webページを作る言語

Webページを作るための言語だよ。例えば文章の見出しや段落が書かれていたり、画像や動画が表示されることを示したりするんだ！

例 なおや「ブラウザでWebページを表示できるようにHTMLを書いてるんだ」
かいと「人間の言葉じゃ分からないからブラウザが分かるように書いてるんだね。なおやはブラウザに優しいね！」

□ 361 **タグ** ▶▶▶ 機能を指定する札

Webページや文章の中で、特定の部分に「これは見出し」とか「これはリンク」といった指示をするものだよ。これがあるおかげで、Webページが見やすくなるんだ。

例 この教科書のデザインはすごくみやすいな。タグが透けて見えるみたいにどこの部分が大事なのかわかりやすい。

□ 362 **CSS** シーエスエス ▶▶▶ デザインを設定する言語

Webページの見た目（色、フォント、レイアウトなど）を決めるためのルール・言語だよ。学校の制服がどんな色や形か決めるようなものだね！

例 かおる「うちの制服はかわいくて有名よ！ CSSでかわいくデザインしてもらっているの！」

□ 363　**JavaScript** ▶▶▶ <u>仕掛けを設定するための言語</u>

ジャバスクリプト

Webページに動きや機能を加えるためのプログラミング言語だよ。文化祭でクラスの出し物を盛り上げるために、デザインだけでなく仕掛けを作るみたいなものだね！

例　かいと「よし今日は待ちに待った文化祭！ここに隠れてお客さんが来たらびっくりさせてやる！」
　　なおや「かいとは、お化け役としてJavaScriptでプログラムされてるんだな」

□ 364　**ブラウザ** ▶▶▶ <u>Webページを見るための窓</u>

インターネット上のWebページを見るためのソフトだよ。iPhoneにはSafari、Android端末にはGoogle Chromeがあらかじめインストールされているね。

例　ブラウザでインターネットの情報を見られるから、ブラウザはインターネットの世界を見るための窓みたいだね

□	365	**電子メール**	▶▶▶ 手紙
□	366	**メールアドレス**	▶▶▶ 住所
□	367	**メーラー**	▶▶▶ メールを送るソフト

電子メールはインターネットで送れる手紙だよ。手紙を送るときは住所が必要だよね。電子メールでも同じで、メールを送るのに必要な住所をメールアドレスというよ。メーラーというソフトを使うことで電子メールを送ったり受け取ったりすることができるんだ。

例 かいと「今の時代は手紙じゃなくて電子メールを送るんだね」
なおや「いや、今の時代はSNSじゃね？」

例 かいと「なおや、かおるのメールアドレス知ってる？」
なおや「さてはかいと、ラブレターでも送る気か？」
かいと「ち、違うよ！」

例 かおる「あれ、うちのメーラーに知らないメールアドレスからメールが届いてる。怖いからゴミ箱へポイっと！」

| □ | 368 | **メールサーバー** | ▶▶▶ メールをやり取りするサーバー |

メールを送ったり、受け取ったりするためのコンピュータのことだよ。メールを送ると、これが相手にメッセージを届けたり、相手からのメッセージを保存したりするんだ。

例 なおやはキャッチボールがうますぎてメールサーバーみたいだ。

□ 369 **SMTP** ▶▶▶ メールを送るルール
エスエムティーピー

Simple Mail Transfer Protocol の略で、インターネットで
電子メールを送るときのプロトコル、すなわちルールだよ。
誰かに手紙を送りたいとき、切手を貼ってポストに投函す
るのが決まっているようなものだね！

例 かいと 「あれ…送ったはずの年賀状がうちに戻ってきちゃった…」
かおる 「おっちょこちょいね。切手を貼ってないからSMTPに反し
ていたんだね」

□ 370 **POP** ▶▶▶ メールそのものをもらう
ポップ

Post Office Protocol の略で、メールサーバからメールを
受け取って、サーバー上からは削除するルールだよ。手紙
が届いていないか郵便局に行って確認して、手紙が届いて
たら手紙そのものを受け取るようなものだね！

例 かいと 「かおるに送ったラブレターの返信が待ちきれない…！
POP の精神で郵便局に直接行って確認するぞ！」

□ 371 **IMAP** アイマップ ▶▶▶ メールのコピーをもらう

Internet Message Access Protocol の略で、メールサーバ
上にメールのデータを残したまま、そのコピーを受け取る
ルールだよ。郵便局に手紙を保管してもらって、自分はそ
のコピーをもらって読むようなものだ！

例 なおや「な、なんと俺にラブレターが届いてる…！ IMAP の精神
で原本は受け取らずにコピーを受け取ろう…！ かいとにバレたら
バカにされるからな…」

□ 372 **アップロード** ▶▶▶ 送信

自分のスマホやコンピュータのデータをインターネット上
に送信することだよ。インターネットは目に見えない世界
だけど、その世界に情報を載せるようなイメージだね！

例 よし、動画を撮って編集したぞ！ YouTubeにアップロードして世
界中のみんなが観られるようにするぞ！

□ 373 **ダウンロード** ▶▶▶ 受信

インターネット上からデータを受け取ることだよ。目に見
えないインターネットの世界から、情報を落としてくるよ
うなイメージだね！

例 音楽をダウンロードして、インターネットに繋がなくても家で聴
けるようにしてるんだ！

□ 374　ストリーミング ▶▶▶ <u>データを受信しながら再生する方法</u>

インターネットを通して、音楽や動画を一度ダウンロードせずに、逐次的に受信して視聴する方法のことだよ。待たずにすぐに楽しめるんだ。

例　チュロスを売っているあの模擬店は人気がありすぎて常に材料を調達しながら作っている。まるでストリーミングのようだ。

□ 375　バックアップ ▶▶▶ <u>データのコピーを取っておくこと</u>

大切なデータを予備の場所にコピーして安全に保管すること。データの保険みたいなものだよ。

例　君の存在はバックアップできない！

□ 376　平文 ▶▶▶ <u>ありのままのデータ</u>

(ヒラブン)

暗号化されていない、ありのままのデータだよ。日本語の手紙は日本人には簡単に読めてしまうよね。そのように、内容がそのまま読み取れるような文章を平文ということを覚えておいてね！

例　かいと「この恋心を伝えたいのに、そのまま日本語で書いたら平文で誰にでも読まれてしまう…！」

☐ **377** **シーザー暗号** (アンゴウ) ▶▶▶ <u>ずらす暗号</u>

アルファベットを特定の文字数ずらして、メッセージを読めなくする暗号方法だよ。古代ローマ時代から使われた古い暗号の1つなんだ！

例
> かいと 「ゆみ…？　なんだ意味が分からない！」
> なおや 「なんであの手紙がかいとの手に…！　でも良かった、シーザー暗号で文字をずらしていたからバレてない！　かおるに伝えるんだ、『すき』だって気持ちを！」

☐ **378** **暗号化** (アンゴウカ) ▶▶▶ <u>暗号にする</u>

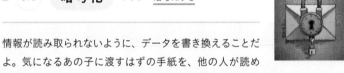

情報が読み取られないように、データを書き換えることだよ。気になるあの子に渡すはずの手紙を、他の人が読めるのは困るよね！　他の人に見られたら困る大切な情報は、暗号化して送るんだ！

例
> かいと 「次はロシア語で書いて暗号化してやったぞ！」

☐ **379** **暗号文** (アンゴウブン) ▶▶▶ <u>暗号化されたデータ</u>

暗号化されたデータだよ。元々日本語で書かれていた文章を英語に翻訳したら、英語を話せない人は読めないよね！　そのように、文章の内容を読み取れなくした文章を暗号文というんだ。

例
> かおる 「この暗号文は何？　何も読めないじゃない！」

□ 380 **復号** フク ゴウ ▶▶▶ 元に戻す

暗号文を平文に戻すことだよ。英語で書かれた文章を日本語に戻して読めるようにするのと似ているね！

例 なおや「ふむふむ、これはロシア語だね。ロシア語の辞書で復号できるはずさ」

　　かいと「な、なおやぁ〜！！」

□ 381 **共通鍵暗号** キョウ ツウ カギ アン ゴウ ▶▶▶ ダイヤル式の鍵

暗号化と復号で同じ鍵を使う暗号化方式だよ。例えばダイヤルで数字を揃えて開ける鍵のように、鍵をかけるときも開けるときも同じ鍵を使うイメージだ！　友だちに安全に情報を送るときに、自分と友だちだけが知っている番号を決めておくようなイメージだね！

例 かいと「部室の鍵はダイヤル式で番号を知っていれば鍵を閉められるし、開けられもするんだ」

　　かおる「共通鍵暗号だね！」

□ 382 **公開鍵暗号** ▶▶▶ 南京錠と鍵

暗号化と復号で異なる鍵を使う暗号化方式だよ。南京錠を
閉めることは誰でもできるけど、開けるには専用の鍵が必
要だよね。公開鍵暗号では、開いた状態の南京錠のような
ものを公開鍵として相手に渡して大事なデータに鍵をかけてもらうよ。一度鍵
をかけると鍵をかけた相手でも開けることはできなくなり、秘密鍵という南京
錠の鍵のようなものを持っている自分だけが鍵を開けることができるんだ。

例 よし、情報が読み取られないように公開鍵で暗号化したぞ！ こ
れで復号できるのは先生だけだ！

□ 383 **デジタル署名** ▶▶▶ 電子的な署名

暗号化技術を使った電子的な署名だよ。セキュリティ技術を
使っていて、改ざんやなりすましが難しくなっているんだ！

例 この文書はデジタル署名がしてあるから、誰にも書き換えられてい
ないはずだ！ 安心して開けるぞ！

□ 384 **電子証明書** ▶▶▶ デジタル版の本人確認書類

Webサイトやオンラインサービスなどが、安全で信頼性の
ある通信を行うために使われる証明書のことだよ。情報が
安全にやりとりされていることを示しているんだ。

例 スマホ用の電子証明書があると便利だよね。学生
証や運転免許証がなくても、スマホだけで身分証
明ができるから。

□ 385 　認証局（ニンショウキョク） ▶▶▶ 身元確認の機関

Webサイトなどにデジタル証明書を発行する、信頼できる
機関だよ。認証局がSSL/TLS証明書を発行してくれるんだ。

例　かいと「俺が認める！　この手紙はかおるから送られたものだ！」
　　なおや「かいとは認証局じゃないだろ。信用できないよ」

□ 386 　SSL／TLS（エスエスエル　ティーエルエス） ▶▶▶ 安全な通信

SSL は Secure Sockets Layer、TLS は Transport Layer
Security の略で、インターネット上でデータを暗号化して
送受信するためのルールだよ。個人情報などを入力する
ときは、その情報が知らない人に読み取られないように、そのサイトが SSL/
TLS を使ったWebページか気をつけて確認しよう！

例　なおや「す…すきで…」
　　かいと「よ！　なおやなんでこんなところにいるんだ？」
　　なおや「か、かいと！　体育館裏は SSL/TLS で安全だと思ってい
　　たのに…！　なんでもないよ！」

☐ 387 **情報システム** ▶▶▶ 情報を扱う仕組み

データを収集し、処理して、有益な情報を作り出すシステムのこと。例えば、図書館の貸出システムやオンラインショッピングサイトが情報システムの一例だよ。

例 最近、学校の情報システムが新しくなったみたいで、成績や予定がスマホで確認できるようになったよ！

☐ 388 **POSシステム** ▶▶▶ 販売管理

物を売るときの情報を管理するためのシステムだよ。例えば、店舗ごとに商品や売り上げを管理したり、どんなお客さんがどんな物をいつ買うかなどのデータを分析したりできるよ。

例 POS システムのおかげでどんなお客さんがどんな物を買っているか分析できて便利だね！

☐ 389 **電子決済** ▶▶▶ データで支払い

現金を使わずに、データでお金を払うことだよ。クレジットカードや交通系ICカード、コード決済などがあるね！

例 電子決済は現金みたいにお金が減ってることが目に見えないから使い過ぎに注意だ…。

ブロックチェーン

▶ ▶ ▶ 取引履歴を鎖のように繋いで保存する技術

ブロックチェーンは、情報を分散して保存し、一つのブロックには前のブロックの情報が入っている。これにより改ざんが難しく、信頼性の高いデータベースを作ることができるよ。

例　文化祭の会計もブロックチェーンを使えば改ざんできない！　そうすれば売上の競争も正確な情報に基づいて行えるぞ！

データモデル ▶ ▶ ▶ データの種類や構造、関係性

データの種類やデータ同士の関係性などを整理するための表現方法だよ。例えばゲームなら、キャラクターの名前やレベル、装備アイテムなどの情報がまとまったキャラクターデータやアイテムの名前や効果などがまとまったアイテムデータなどがあったりするよ。プレイヤーがキャラクターの装備アイテムを変更すると、キャラクターデータの装備アイテムが書き換えられて、そのアイテム名に合った効果をアイテムデータから探して反映するといった作業をするんだ。こういった作業がしやすいようにデータモデルを作っていくんだ。

例　かおる「農家さんが野菜を収穫して八百屋さんがそれを仕入れて…野菜が私たちのもとに届くまでの関係性を整理してみるのはデータモデルを作り上げることの一種かもね！」

☐ 392 **カード型** ▶▶▶ カードに書き出す

データをカードのように一つずつ分けて整理する方法だよ。友だちの連絡先を一枚のカードに書き出すようなものだね！

例　カード型は情報がシンプルに整理されていて便利だ！

☐ 393 **リレーショナル型** ▶▶▶ 表で整理

	誕生日	趣味
	2/14	読書
	7/1	ギター
	10/27	映画鑑賞

データを表形式で整理して、複数のデータを関連付けて使えるように整理する方法だよ。友だちの名前や誕生日、趣味を表で整理していくようなものだ！

例　リレーショナル型でデータを表形式に整理して、効率的に管理するぞ！

☐ 394 **データベース** ▶▶▶ タンス

たくさんの情報を整理して使いやすい形で保管する箱のようなものだよ。洋服をタンスで管理するのと似ているね！
色々な種類のタンスがあるように、データベースにも色々な種類のものがあるよ！　ベースには元々「基地」という意味があるから、データの本拠地のようなイメージもできるね。

例　かおる「着たい洋服を取り出しやすいように、ちゃんと整理してタンスにしまってるよ」
なおや「かおるのタンスは洋服のデータベースだね！」

□ 395　**DBMS** ディービーエムエス ▶▶▶ <u>タンスの管理</u>

Database Management System の略だよ。Management は「管理する」という意味で、データベースの作成や編集、データの検索など、データベースを操作するためのシステムだよ！

例　かおる「私の家では自分でタンスに洋服を入れるんじゃなくて、じいやが全部やってくれるんだ」
　　かいと「すごい…DBMSじいやだ…」

□ 396　**リレーショナルデータベース** ▶▶▶ <u>表</u>

表の形でデータを整理して保管するデータベースだよ。リレーショナルとは関係のことで、データとデータの関係を表現できるんだ！

例　夏服は夏服で、冬服は冬服で整理してるから、季節に合わせて洋服を取り出せるように関連付けているんだ。

□ 397　**レコード** ▶▶▶ <u>データベースの1行分</u>

データベースに保存される1つの情報セットのことだよ。例えば、生徒の名前や成績が一緒に保存されている場合、それを1つのレコードと呼ぶんだ。

例　気になるあの子のことについて何も知らない。あの子のレコードが欲しいな。

□ 398 **フィールド** ▶▶▶ データベースの1マス分

データベース内の1つの情報の要素のことだよ。例えば、生徒のデータベースでの「名前」や「成績」などが、それぞれ1つのフィールドになるよ。

例 気になるあの子の趣味フィールドだけでも知りたいな。

□ 399 **テーブル** ▶▶▶ データベースのひとまとまりの表

データベース内で関連する複数の情報（レコード）がまとまったもののことだよ。例えば、生徒のデータベースや商品のデータベースなどが1つのテーブルになるよ。

例 僕はこのクラスのみんなのことを知りたい。クラスメイトテーブルを全部頭に入れてみんなと仲良くなりたいんだ。

□ 400 **射影** ▶▶▶ 列を取り出す

表の中から必要な列だけを取り出すことだよ。例えばクラスメイトの一覧表から、クラスメイトの名前だけを取り出すことができるね！

例 かいと「先生に呼び出されたから行かなきゃ…」
なおや「やれやれ、かいとはよく先生に射影されるなぁ」

□ 401 選択(センタク) ▶▶▶ 行を絞り込む

表の中から指定した条件に合う行を絞り込むことだよ。例えばクラスメイトの一覧表から、4月生まれのクラスメイトの情報だけを絞り込むことができるね！

例 かいと 「俺は8月生まれだけど、4月の誕生日パーティーで祝ってもらえないかな！」

なおや「誕生月で絞り込んで選択してるから、それは無理な話だよ」

□ 402 結合(ケツゴウ) ▶▶▶ まとめる

複数の表を一つの表にまとめることだよ。例えばクラスメイトの一覧表と生徒の誕生日の一覧表があったら、それらの表を結合してクラスメイトの誕生日の情報を一緒に確認できるね！

例 かおる 「4月の誕生日のクラスメイトのリストと出席名簿を結合したおかげで、4月に祝うクラスメイトを確認できた！」

☐ **403** **検索（ケンサク）** ▶▶▶ 探し出す

表の中から条件を指定して情報を探すことだよ。例えばクラスメイトの一覧表の中から「なおや」という名前で検索して、名前が「なおや」のクラスメイトを探し出すことができるよ！

例 かいと「かいとという名前で学校中の生徒を検索して、最強のかいとを決めるぞ！」
なおや「なんのためだよ…」

☐ **404** **ソート** ▶▶▶ 並べ替え

数字や文字列を昇順や降順に整列させる処理のことだよ。例えば、1から10までの数字を小さい順に並べることがこれに当たるよ。

例 覚えなきゃいけない単語が多すぎる！　いったん単語をソートして、短い単語から覚えたいな。

☐ **405** **降順（コウジュン）** ▶▶▶ 大きい順

数字やデータを大きい順や新しい順にならべること。数字が大きいほど、あるいはデータが新しいほど前にくるんだね。

例 テストの成績は点数の高い順に順位がつけられるから降順だね。

□ 406 **昇順** ショウジュン ▶▶▶ 小さい順

数字やデータを小さい順にならべること。昇順にならべると、数字が小さいほど上に表示されるようになるんだ。

例 背の順は前から身長を低い順に並べるから昇順だね。

□ 407 **絶対参照** ゼッタイ サンショウ ▶▶▶ 参照する場所を固定する方法

Excelの表などで、あるセルや場所を「文書の一番左上から何行何列目」といった具体的な位置で指定する方法のことだよ。その位置が変わらない限り、どこからでも同じセルを指せるよ。

例 この問題を解くには教科書のこの部分が大事だよ。他の部分は使わないはず。この種類の問題は絶対にここの部分を使うんだ。絶対参照みたいだね。

□ 408 **オープンデータ** ▶▶▶ みんなのデータ

みんなに公開（オープン）されていて、誰でも自由に使えるデータだよ。そのデータを使って分析をしたりサービスを作ったりして、人々の生活がより豊かに便利になることが期待されているんだ。

例 オープンデータって、誰でも使える公園みたいなものだよ。

□ **409**　　**ビッグデータ**　▶▶▶　巨大なデータの集まり

人間が全体を把握することが難しいほど、巨大なデータ
の集まりのことだよ。量や種類が多く、更新頻度や正確性、
価値が高いデータであることが重要なんだ。一つ一つの情
報を確認するのではなくて、例えば中学生はTikTokでよく
何を観ているのかみたいに、まとまった情報として分析したりするのに役立つ
よ！

例　なおや「学校に数十年分の定期テストの過去問が記録されてるから、
　　　傾向と対策を考えて高得点を狙うぞ！」
　　　かいと「そんなビッグデータを扱ってたら時間がいくらあっても
　　　足りないよ！　俺はノー勉で突っ込む！」
　　　かおる「やれやれ…」

□ **410**　　**データサイエンティスト**　▶▶▶　データを扱う専門家

データサイエンティストは、大量のデータからパターンや
トレンドを見つけ出し、有益な情報を取り出す専門家のこ
とだよ。企業の意思決定や予測に役立つんだ。

例　なおやは去年の文化祭の売り上げデータを分析し
　　　て今年の文化祭の戦略を練っているらしい。まる
　　　でデータサイエンティストだ。

□ 411 **データの形式** ▶▶▶ 種類

文章や動画、音楽などの情報の種類のことだよ。データの形式によって確認するのに必要なソフトが変わるよ！

例 洋服と文房具は形式が全然違うから、使い方が全然違うね！

□ 412 **異常値** ▶▶▶ あり得ない値

入力ミスや測定ミスで得られたあり得ない値だよ。先生が採点ミスをして、100点が1000点になってしまったら、それは異常値だね！

例 なおや「よし、今回のテストも100点だ」
かいと「えっへん、俺は1000点だ！」
なおや「100点満点だからそれは異常値だよ…っておい！　自分でゼロを2個足してるじゃないか！」

□ 413 **正規化** ▶▶▶ 整理整頓

データの被りや矛盾をなくして、データベースを整理することだよ。正規化することでデータの管理がしやすくなるんだ。

例 出席名簿があるから出席番号でその生徒が誰か分かるし、テスト結果の一覧には出席番号だけ書けば誰の点数か分かるぞ！

258

□ 414 　**質的データ** ▶▶▶ <u>言葉のデータ</u>

言葉で表されたデータだよ。好きな教科や部活など、数値ではない情報だよ。

例　好きな食べ物は言葉で表された質的データだね。

□ 415 　**量的データ** ▶▶▶ <u>数字のデータ</u>

数字で表されたデータだよ。テストの点数や身長・体重などがあるね！

例　テストの点数は数字で表された量的データだな。

□	416	尺度水準 (シャク ド スイジュン)	▶▶▶ 分類するための基準
□	417	名義尺度 (メイ ギ シャク ド)	▶▶▶ 名前で分類
□	418	順序尺度 (ジュンジョシャク ド)	▶▶▶ 順番で分類
□	419	間隔尺度 (カンカクシャク ド)	▶▶▶ 基準との差で分類
□	420	比例尺度 (ヒ レイシャク ド)	▶▶▶ 大きさで分類

尺度水準とは、数値データを分類するための基準のことだよ。尺度水準には名義尺度・順序尺度・間隔尺度・比例尺度の4種類があるよ。

例 なおや「今回のテストの点数も尺度水準で、得意な分野と苦手な分野を分類しておこう」

尺度水準の4種類

	大小に意味がある	間隔が一定	ゼロの値に意味がある	例
名義尺度	×	×	×	**クラス分け** 1組、2組…と数字を使っているけど、数字の大小に意味はないし、1+2=3のような計算をしても意味がないよね！数字を使わずにA組、B組…としても問題ないね！
順序尺度	○	×	×	**順位** 1位、2位…と数字が小さい方が早くゴールしたことになるから、数字の大小には意味があるね！ でも1位、2位、3位と間隔が一緒とは限らないんだ。
間隔尺度	○	○	×	**温度** 0℃、1℃、2℃…と数字が大きくなるほど一定の間隔で暑くなるね。－1℃、－2℃…のようにマイナスの値もあるからゼロは単に基準を表しているんだ！
比例尺度	○	○	○	**身長** 数字が大きいほど身長が高いことを意味するよね。ゼロは身長がないことを意味するから、ちゃんとゼロにも意味があるんだ！

□ 421 **欠損値** ▶▶▶ <u>抜けたデータ</u>

調査や計測をしていて、何かしらの理由で抜けたデータのことだよ。理科の実験でウトウトしてしまって値をメモし忘れてしまったら、その値は欠損値になってしまうね！

例 かいと「おかしい！　実験データが足りない！」
　　なおや「実験中に寝てるから欠損値が出てるんだよ」

□ 422 **外れ値** ▶▶▶ <u>大きくズレたデータ</u>

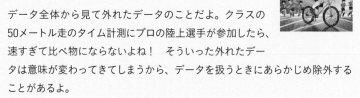

データ全体から見て外れたデータのことだよ。クラスの50メートル走のタイム計測にプロの陸上選手が参加したら、速すぎて比べ物にならないよね！　そういった外れたデータは意味が変わってきてしまうから、データを扱うときにあらかじめ除外することがあるよ。

例 かいと「よし！　50メートル走で3秒だ！」
　　なおや「そりゃみんな走ってるのに、かいとだけ自転車に乗ってたからね。それじゃ外れ値で無効だよ」

□ 423 **データクレンジング** ▶▶▶ <u>ムダ毛処理</u>

データを使いやすく整理することだよ。具体的には、正確ではないデータを修正したり、不完全なデータを削除したりする作業のことだよ。

例 かいとが実験中に机を揺らしてたから、不正確な値がとれてしまったぞ…考察する前にデータクレンジングして取り除かないと…。

□ 424 **代表値**（ダイヒョウチ） ▶▶▶ <u>代表的な値</u>

データ全体の傾向を示す代表的な値だよ。例えば平均値や最頻値、中央値があるよ。それぞれをこれから解説していくね！

例 テストの代表値が何点かで、自分がよくできたかイマイチだったか判断できた！

□ 425 **平均値**（ヘイキンチ） ▶▶▶ <u>平均の値</u>

データ全体を足して、その合計をデータの数で割って求める値だよ。数学で登場する平均値のことだね！

例 かおる「テストの平均点は60点だって！　私80点だから結構頑張れたかも！」

□ 426　**最頻値**　▶▶▶　<u>1番多い値</u>

データ全体で1番多く登場する値だよ。例えば数学のテストで60点をとっている生徒が一番多かったら、60点が最頻値だね！

例　かおる「どうやら今回のテストは難しくて、60点をとった人が一番多かったんだって」
なおや「60点が最頻値ってことか」

□ 427　**中央値**　▶▶▶　真ん中の値

データ全体の真ん中の値。例えば5人の生徒が背の順で並んだら、3番目の生徒の身長が中央値だね！

例　かいと「点数が低い順に生徒を並べたら、俺が真ん中にきて中央値になれるかな！」
なおや「0点じゃどう頑張っても最小値だよ」

□ 428　**箱ひげ図**　▶▶▶　<u>データのバラつきの図</u>

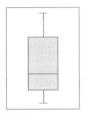

データを大きさ順に並べて、データのバラつきが分かるようにしたグラフだよ。例えばテストの結果を箱ひげ図で表すと、最高点や最低点、中央値を一目で確認できるんだ！

例　箱ひげ図を作ると、今回のテストの点数がどれくらいバラついているか一目で分かるね。

04

情報通信ネットワークとデータの活用

□ 429 **分散** ▶▶▶ データのバラつき具合

□ 430 **標準偏差** ▶▶▶ 平均からのずれ

分散と標準偏差はどちらもデータのバラつき具合を示す値
だよ。分散の平方根をとると標準偏差になるんだ。分散を計算すれば散らば
り具合が分かるんだけど、分散の単位は元のデータの単位の二乗になってし
まうから、平方根を取って元のデータの単位に合わせて直感的に分かりやすく
するんだ。

例 なおや「今回のテストの分散は大きかったから、人によって点数
が全然違いそうだぞ」

かおる「今回のテストの標準偏差はこれくらいだから、私が平均
よりもどれくらい高いか分かったわ！」

□ 431 **度数分布表** ▶▶▶ 区間ごとの集計表

0~20	2
20~40	4
40~60	7
60~80	12
80~100	2

データをいくつかの区間に分けて、それぞれの区間にどれ
くらいのデータがあるかを集計した表だよ。例えば、80点
から100点の人が何人いるかを知りたいときに便利だね！

例 テストで60点から80点の生徒が何人いたか確かめるために、度数
分布表を作ろう！

□ 432 **ヒストグラム** ▶▶▶ 区間ごとに集計した棒グラフ

度数分布表をグラフで表したものだよ。表をグラフにする
ことで、それぞれの区間にどれくらいのデータがあるかが
一目で分かって便利なんだ！

例 なおや「度数分布表をグラフにしたらヒストグラムができるね」
かおる「グラフになって見やすくなった！」

□ 433 **散布図** ▶▶▶ データを点で表した図

データを2つの軸でできた平面上に点を打って示すこと
で、2つの軸にどのような関係、傾向があるかを示す図だよ。
例えば身長と体重の2種類の値からなるデータを散布図で
表すことができるね。身長を横軸、体重を縦軸で表すと、こんな感じの図にな
るよ！

例 かおる「テストの勉強時間と点数で散布図を作ったら、勉強時間
が長いほど点数が高くなっている傾向が分かったね！」

□ 434 **テキストマイニング** ▶▶▶ 宝探し

長い文章の中から重要な情報を探すことだよ。宝探しみた
いだよね！

例 かいと「教科書の文章は長くて何が大事か分からないや！　なお
や、テキストマイニングしてテストに出るところだけ教えてよ！」
なおや「それを自分でやるのが勉強だろ」

□ 435 **仮説検定** カ セツ ケン テイ ▶▶▶ 仮説が正しいか確かめる

仮説とは「こうじゃないか」と考えた推測のことだよ。その仮説が正しいか間違っているかを、データで統計的に確かめることを仮説検定というよ。文化祭でお化け屋敷をやって、「こうすれば怖くなるだろう」という仮説は、実際にお化け屋敷に来てくれたお客さんからアンケートなどで感想を聞いて確かめることができるね！

例 かおる「今年は例年よりも仕掛けの数を増やしたから、例年よりも怖くなってるはずよ！」
なおや「よし、アンケートで仮説検定してみよう」

□ 436 **クロス集計** シュウ ケイ ▶▶▶ 2つの質問を組み合わせた集計

データを複数の角度から比較すること。複数の質問をすることでいろんな反応を見ることができるね。

例 文化祭での出し物を決めるためにクロス集計をしよう。運動部の人には出し物Aが人気で、文化部の人には出し物Bが人気ということがわかったね。

☐ 437 **全数調査** ゼン スウ チョウ サ ▶▶▶ 全員を調査

全員分調べる調査だよ。例えば数学のテストの点数を学年の生徒全員に聞いて、今回のテストが難しかったのか分析することが考えられるね！

例 文化祭の出し物はクラス全員で作るものだから、みんなが納得できるように全数調査しないとね！

☐ 438 **標本調査** ヒョウ ホン チョウ サ ▶▶▶ 一部を調査

一部を調べる調査だよ。全員の生徒にテストの点数を聞くのは大変だから、例えばランダムに数人の生徒から点数を聞いて、その結果を学年全体の結果の傾向だとすることが考えられるよ！　数人に聞くといっても、聞く人数が少なすぎるとデータに偏りが発生してしまうから、バランスが難しいんだ！

例 文化祭の出し物のお化け屋敷、大成功だね！　お客さんがたくさんいて全員に感想を聞くのは大変だから、標本調査でアンケートをとって傾向を掴もう。

☐ 439 **相関関係** ソウ カン カン ケイ ▶▶▶ データとデータの関連性

一方のデータが変わるともう一方のデータも変わるような関係だよ。例えば勉強時間が増えると、テストの点も上がることが多いよね！

例 かおる「たくさん勉強するとテストの点数が上がるのは正の相関関係がありそうだね」

□ 440　**因果関係**（インガカンケイ）　▶▶▶ <u>原因と結果の関係</u>

一方が原因となって、もう一方が結果になるような関係だよ。例えばテストで高い点数をとったら先生に褒められる、みたいなことだね！

例　テスト中に寝ちゃったから、今回も0点だ…。

□ 441　**疑似相関**（ギジソウカン）　▶▶▶ <u>ニセモノの相関</u>

実際には関係がないけど関係があるように見えることだよ。例えば消しカスをたくさん出すとテストの点数が上がるというのは疑似相関だね！　たくさん勉強したらテストの点数も上がるけど、その分消しカスもたくさん出るよね。一見消しカスの量とテストの点数には因果関係があるように見えるけど、それはまやかしなんだ！

例　かいと「なおやよりもたくさん消しカスを出したから、なおやより点数が高いはずだ！」
　　　かおる「何言ってるの。なおやはちゃんと勉強してるからテストの点数が高いのよ。消しカスの量とテストの点数は疑似相関だわ」

□ 442　**交絡因子**　▶▶▶　原因と結果の判断を惑わすもの

コウラクインシ

因果関係かどうか判断するのを惑わせる原因のことだよ。
例えば勉強をたくさんすると消しカスがたくさん出るし、
テストの点数も上がることが多いよね。このように、勉強

量は消しカスの量にもテストの点数にも影響を与えるか
ら、消しカスをたくさん出すとテストの点数が上がるように錯覚してしまうん
だ。このとき消しカスの量は交絡因子になっていると言えるね！

例　かいと「なんだって！　昨日徹夜で消しゴムを擦っていたのに…
　　勉強量は交絡因子だったのか…」
　　なおや「交絡因子のこと理解できてるのすごいぞ、かいともやる
　　ときはやるな」

それって本当?
データに騙されるな!

落とし穴が潜んでる

テレビやインターネットなどで情報を目にするとき、数字のデータが示されると信憑性が高そうだなと思うし、グラフがあると分かりやすくて嬉しいよね。でも、君はそのデータやグラフに知らず知らずのうちに騙されているかもしれないんだ!

データやグラフは、情報を視覚的かつ数値的に表現する手段として重要だけど、その裏には様々な落とし穴が潜んでいるんだ。ここでは、データに騙されないための注意点をいくつか挙げながら、具体例を交えて紹介していくよ!

倍率の罠

「病気になる確率2倍」は本当に危険?

「ある食べ物を食べると病気になる確率が2倍になる」と聞いたとき、君は「それはまずい! 食べるのを控えよう」と思うかもしれない。でも、これには慎重になる必要がある。なぜなら、倍率が大きいからといって、実際の変化が大きいとは限らないんだ!

例えば、ある食べ物を食べたら、病気になる確率が0.0001%から0.0002%に増加するというデータが出ているとしよう。これを倍率で表すと確かに「2倍になる」と言えるけど、実は「0.0001%増える」だけで差はすごく小さいよね。これなら実際のリスクはほとんど変わらないと言えるんだ。

具体的な数値にも着目しよう

このように倍率に惑わされずに、具体的な数値にも着目しよう！

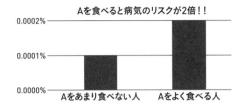

Aを食べると病気のリスクが2倍！！

Aをあまり食べない人	Aをよく食べる人

(縦軸: 0.0000%、0.0001%、0.0002%)

平均値と中央値

君は定期テストの点数の平均値を先生から聞いて「今回のテストは難しかったんだ。自分の点数はいつもより低かったけど、平均値以上は取れてたからまあ大丈夫だ！」などと思ったことはないかな？でも待って、本当に今回のテストは難しかったのかな？ 本当に自分の点数は問題ないのかな？ 実は平均値にはちょっとした落とし穴があるんだ。落とし穴にはまっていないか見ていこう！

平均40点のテストは本当に難しかった？

あるクラスでのテストの結果を考えてみよう。平均値が40点と言われたとき、50点でもまあ悪くないかな？と思うかもしれないね。でも実は一部の生徒がめちゃくちゃ不真面目で、0点を取ったことで平均値が下がっている可能性があるんだ。平均値は全体の合計を生徒数で割ったものだから、極端に低い点数があると平均値が下がりやすいんだね。

では、中央値はどうだろう？ 中央値は全体の点数を小さい順に並べたときに真ん中に位置する値だよ。もし中央値が60点だったとき、50点はクラスの中で真ん中よりも下の点数だったということになる。その場合は成績は良くなかったと言えるので、平均値を超えたからといって安心しないできちんと復習をしないといけないね。

中央値や分散なども確認しよう

このように、平均値だけではデータの全体像を正しく把握することはできないから、時には中央値や分散なども気にしてみよう！　平均値だけを聞いて自分は普通よりも良いんだ！　悪いんだ！　と決めつけないように注意してね！

軸の操作

本当に成績は大きく伸びる？

ある塾の広告で「生徒の成績が大幅に向上！」と謳って、次のようなグラフが提示されている場合、「確かに成績が大きく伸びている！」と言えるだろうか？

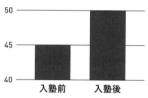

このグラフは一見成績が2倍近くになっているように見えるけど、よく見ると縦軸の点数が0からではなく40から始まっていて、実際は点数45から50に5点上がっただけなのが分かるね。本来なら次のようなグラフにするべきだ。

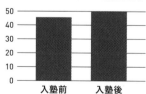

軸の始まりや単位、実際の数値を確認しよう

このように、広告やプレゼンテーションで提示されるグラフは、軸の操作によって異なる印象を与えられてしまうんだ。グラフをパッと見るだけではなく、軸の始まりや単位、実際の数値もよく確認するようにしよう。軸の操作に騙されず、冷静な目でデータを評価することが大切だ！

サンプルの歪み

英語の授業は本当に分かりやすい？

英語科の先生が自身の授業についてアンケートを実施したところ、「90%の生徒が分かりやすいと答えた」という結果が出た。さて、この授業は本当に分かりやすいのだろうか？　これを吟味するためには、アンケートに答えた生徒がどんな生徒たちなのか知る必要がある。

先生は授業を受けている全生徒にアンケートを配って、任意で回答をお願いしたらしい。それならば、任意回答ではあるものの、全生徒の意見を満遍なく取り入れられているので、高橋先生の授業が分かりやすいというのは本当かもしれないね。しかし、アンケートが英語で書かれたものだったらどうだろう？　英文を読める英語が得意な生徒だけが回答している可能性があるね。そうなると、英語が得意な生徒が授業を理解できるのは当然だから、高橋先生の授業が一般的に分かりやすいものなのかは怪しくなってくるよね。

サンプルが適切か確認しよう

このように調べる対象（サンプル）が偏っている場合、全体の傾向が正確に反映されていない可能性があるんだ。だから、アンケートや実験の結果などをみるときはサンプルが適切かどうかを確認するようにしよう！

少数派が目立って多数派に見えることもある

これと同様のことは、SNSなどのコメントでも言えるよ。例えば、ある

新しい法律の制定についてSNS上で反対意見が多いからといって、世の中の人も反対派が多いとは限らないんだ。新しい法律に断固反対の少数の人が、強く主張するためにSNSに積極的に書き込んでいる一方で、多数の賛成派は法律が希望通り制定されそうなので、特にSNSで意見表明していないだけかもしれない。このようにSNSでは、少数派の意見が目立ってあたかも多数派のように感じてしまうこともあるから、正しい状況を見極めることが重要なんだ！

日本の65歳以上の高齢者
母集団

1地域だけの高齢者
研究標本

相関関係と因果関係

お金持ちになりたければ早寝早起きすべき？

ある調査の結果、朝型の人ほどお金持ちという傾向が見られた。この結果から、お金持ちになりたければ早寝早起きの朝型生活を送った方が良いといえるだろうか？　これを正しく見極めるには、相関関係と因果関係についてきちんと理解しておく必要があるよ。

相関関係があっても因果関係がないこともある

調査結果から、生活が朝型であるほど持っているお金の量が多くなるという関係があることは確かに分かったけど、だからといって朝型にすればお金が増えるとは言い切れないんだ。前者のように**一方が変化するともう一方も変化するという関係を相関関係**、後者のように**2つのものが原因と結果の関係になっているものを因果関係**というよ。では、なぜ相関関係があるからといって必ずしも因果関係があるわけではないのだろ

うか？具体的に考えてみよう！

まず、生活時間とお金の量は直接影響し合うわけではなく、別の共通する何かがそれぞれに影響を与えている可能性があるんだ。例えば年齢が生活時間とお金の量に影響を与えている可能性が考えられるよ。一般的に年をとるほど昇進して年収が上がっていくし、お金もだんだん溜まっていく傾向があるよね。また、年をとるほど生活が朝型になっていく傾向もあるよね。このように、年齢が高いほど朝型の人が多くなり、お金持ちの人も多くなるために、朝型の人ほどお金持ちという傾向が見られていたんだね。このとき、年齢が交絡因子（No.442）になっていると言えるね。生活時間とお金の量の間に実際は因果関係がないから、若者が生活を朝型にしてもお金持ちになれるわけではなさそうだよね！

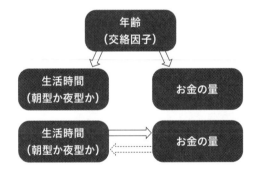

原因と結果が逆かもしれない

また、原因と結果の関係が実は逆であるという可能性もあるよ。朝型だからお金持ちになるのではなくて、お金持ちだから朝型になるのかもしれないということだ。お金持ちだと生活に余裕があって夜遅くまで働く必要がないから、その分早寝早起きしやすいという可能性も考えられるよね。この場合も、生活を朝型にしてもお金持ちになれるわけではなさそうだよね！

このように、相関関係があるからといって因果関係があるとは限らないということを肝に銘じて、情報を正しく解釈できるようになろう！

今の君ならわかる!
SNSの裏側を覗いてみよう

SNSについて考えてみよう

みんなは普段友だちや家族と連絡をするとき、SNSを使っているかな？ SNSはソーシャルネットワーキングサービスの略称で、LINEやInstagram、X(旧Twitter) などさまざまなサービスがあるよね。これらはアプリとしてスマホで使えたり、Webブラウザを通じてパソコンで使えたりするよ。普段は何気なく使っているSNSだけど、ではSNSがどのように動いているか、その裏側を覗いてみよう！ SNSには色々な機能があるけど、今回はチャット機能に絞って考えてみるよ。

チャット機能を整理してみよう

チャット機能はどのような機能か整理していこう。チャット機能はユーザー同士でメッセージを送り合う機能だね。普段使っているアプリで、こんな画面を見たことはあるかな？

チャット機能を考察してみよう

早速、画面を詳しく観察していこう！　まずアプリを開くと過去のメッセージが表示されているよね。過去にどんなやりとりをしていたか思い出すことができて、メッセージを続きから再開できるんだ。
私たち人間は過去のやりとりを忘れてしまうこともあるけど、アプリではどうやって過去のメッセージを表示しているんだろう…。

次にメッセージを入力するための箱があるよね。このような箱のことをテキストボックスやテキストフィールドと呼んだりするよ。アプリの画面はこのようなパーツを組み合わせてできているんだ！
どんなパーツを使ったら、どんなことができるんだろう…。
逆に、やりたいことを叶えてくれるパーツはどんなパーツだろう…。

テキストボックスに文字を入力したら、送信ボタンを押すと相手にメッセージを送信できるよね。送信されたメッセージは、自分の画面にも相手の画面にも、吹き出しになって表示されたよ！
入力したメッセージをどこにどうやって送信しているんだろう…。
入力したメッセージはどうやって相手のもとに届いているんだろう…。
いつも何気なくメッセージをやりとりしているけど、チャット機能には不思議なポイントがたくさんあるね！

このNEXT STEPではこのような不思議を解説していくよ！

SNSの全体像を把握しよう

SNSの裏側はどうなっているのか、まずは全体像を把握してみよう！
今回は、アプリの中でもクライアントとサーバーで構成されているものを考えていくよ。これらの関係を図にすると次のようになるよ！

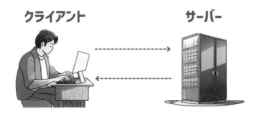

クライアント　　　　　　　サーバー

クライアントとサーバーの役割を詳しく見ていこう！

クライアント

普段みんなが操作しているのはまさにクライアントだよ！クライアントは過去のメッセージなどのデータを表示したり、テキストボックスや送信ボタンといったユーザーが操作できるパーツを表示する役割があるんだ。

サーバー

サーバーはクライアントにデータを提供したり、データを保存したりする役割があるよ。また複雑な処理をサーバーに任せることもあるんだ。普段アプリを使っていて直接サーバーを見る機会はほとんどないけど、みんなが普段使っているスマホやパソコンと同じく、サーバーもコンピュータなんだ。

ここまででクライアントとサーバーの役割を知ることはできたね。これらが連携してSNSが動いているんだけど、これらは全く違う場所にある、全く別のコンピュータなんだ。ではクライアントとサーバーはどのようにしてデータをやりとりしているのかな？

HTTPメッセージ

クライアントと Web サーバーとのデータのやり取りについて考えてみよう。これらのやり取りは**HTTPメッセージ**を通じて行われているよ！HTTPメッセージはクライアントからの**リクエスト**と、Webサーバーからの**レスポンス**の2つが組み合わさって成り立っているんだ。カフェを例に考えてみよう！

クライアントがお客さんで、Webサーバーが店員さんのような役割をしているよ。そして、お客さんの注文がリクエストで、店員さんによる商品の提供がレスポンスに当たるんだ。

まずはメニューを見て何を注文するか決めよう！　メニューが手元にないようだね。店員さんにこうお願いしてみよう。「メニューをください！」このように「何かをください」とお願いするリクエストを、**GET**リクエストというよ。

無事にメニューを受け取って、コーヒーを注文することに決めたようだね。では店員さんに注文してみよう！　「コーヒーをください！」コーヒーは300円だそうだから、注文と一緒に300円も渡そう。このようにWebサーバーに対してデータを送信するようなリクエストを**POST**リクエストというよ。

店員さんはコーヒーを提供するためにコーヒーメーカーを操作したり、お客さんが飲みやすいようにコーヒーをカップに注いだりすることがあるよね。このように、クライアントからリクエストがあったときに複雑な処理を実行したりデータを加工して、クライアントにレスポンスとして提供するのがWebサーバーの役割なんだ。

お客さんが300円を渡したから、お店が持っているお金は300円増えたようだけど、お金はどこに保管しているのかな？　また店員さんはコーヒーを提供するけど、コーヒーの在庫には限りがあるよね。コーヒーの在庫はどのように管理するのかな？

データベース

お客さんがコーヒーを注文したことで、お店が持っているお金は増えて、コーヒーの在庫は少なくなったよ！　お金はレジで管理されているだろうし、コーヒーの在庫は倉庫に保管されているはずだよね。つまり、お金やコーヒーを店員さんが直接持っているのではなくて、どこかの場所に保管されているよね。

これと同じで、Webサーバーも直接データを持っているわけではないんだ！　データベースもデータベースサーバーに用意して、そこにデータを保管しているよ。Webサーバーとデータベースサーバーも通信を介してデータのやり取りをしているんだ。

つまり、Webサーバーはデータベースから必要なデータを取り出して、コーヒーを作ったりカップに入れたりする処理を行うってことだね！　リクエストをもとに、データベースにデータを追加したり、すでに保存されているデータを修正したり、ときには削除したりするよ。

SNSでは、過去にやりとりしたメッセージ、ユーザーの情報などを保存していくよ。メッセージならメッセージの内容、送信された時刻、送信したユーザー、送信先のユーザーなど、保存したいデータをまとめて保存できるんだ。またデータベースは必要なデータを取り出すのにも便利だよ！　データを検索したり、選択して絞り込んだりできるんだ。

クライアントとサーバーがどのように連携しているかイメージが湧いたかな？　ここまでの知識をもとに、チャット機能の裏側を理解していこう！

チャット機能で考えてみよう

メッセージの表示

アプリを起動したら過去のメッセージが表示されたよね！　これを実現するにはどのような処理がどこで行われているかイメージできるかな？

まずはメッセージを表示するためのデータが必要だよね。メッセージのデータはデータベースに保管されているはずだから、データを取り出す処理をサーバーにお願いする必要がありそうだ。

サーバーにデータを取り出してもらうには、クライアントからリクエストを送ろう！　今回はデータを受け取るだけだから、GETリクエストで実現できそうだね。

メッセージのデータを取得できても、データが自動的にスマホに表示されるわけではないよ。データを表示するにも、データを表示する処理が必要なんだ。データを表示する処理は、スマホではスマホアプリが、パソコンではブラウザすなわちクライアントが担当しているよ。

このとき、どのようなパーツを使用するかを考えるよ。例えば吹き出しのような形で表示したり、送信したのが自分か相手か分かるように吹き出しの色を変えたりと、データをどう表示したらユーザーにとって分かりやすいか・使いやすいかを考えるんだ！

メッセージの送信

次にどのようにメッセージを送信するかを考えていこう。メッセージを送信するにはメッセージを入力する必要があるよね。ユーザーがメッセージを入力するのに使うパーツは、テキストボックスだったよね！

テキストボックスにメッセージを入力できたら、送信ボタンを押して送信しよう！　送信ボタンも、ボタンというパーツを使用して作成しているね。

ボタンは、ボタンを押したときにどんな処理をするか決めることができるよ。今回はメッセージを送信する処理をしたいね。

ではメッセージはどこに送信すれば良いかな？　送信先の友達や家族に直接送信したいところだけど、それは難しいんだ。メッセージのデータを保存するにはデータベースが必要だからね。ではどこにデータを送信するかというと、サーバーだ！　サーバーにデータを送信して、送信したメッセージをサーバーがデータベースに保存することで、自分も送信相手も同じメッセージを受け取れるようになるんだ。

データを送信するということは、POSTリクエストで実現できそうだね。

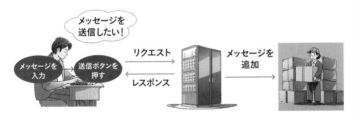

このように、SNSのチャット機能一つとっても、さまざまな要素がさまざまな役割を果たしていることが分かったね。これらの要素が実行する処理を実装するときにプログラミングが登場するんだ。

アプリ開発にかかわる人たち

SNSなどのアプリを実際に開発するにはどのような人がどのようなこと
をしているのか、開発の世界を覗いてみよう!

フロントエンドエンジニア

ユーザーが操作する画面を開発したりする人をフロントエンドエンジニ
アと呼ぶよ。フロントエンドエンジニアは、どのようにデータを表示し
たらユーザーが分かりやすいか、使いやすいかを考えて画面を実装して
いくんだ。ユーザーがWebアプリをストレスなく使えるように、パフォ
ーマンスを考えたりもするよ。

モバイルアプリエンジニア

iPhoneやAndroid端末で使えるアプリを実装する人をモバイルアプリエ
ンジニアと呼ぶよ。モバイルアプリエンジニアも、ユーザーにとっての
分かりやすさを考えて画面を開発していくから、フロントエンジニアの
一種と言えるね。
スマートフォンはカメラや音声入力などのデバイスの機能が充実してい
るよね。モバイルアプリエンジニアは、それらのデバイスの機能を活用
してアプリを実装することもあるんだよ!

UIデザイナー

アプリの画面を考えたりする人をUIデザイナーと呼ぶよ。UIとはUser
Interfaceの略でアプリの画面のことなんだ。UIデザイナーは、ユーザー
がどのようにアプリを使うのかを観察したりして、ユーザーにとって分
かりやすくて使いやすいデザインを考えるのが仕事だよ。デザイナーの
仕事は幅広くて、他にもいろいろな仕事を担当することがあるよ。
デザインに興味がある人は、2章のNEXT STEPも読んでみてね!

サーバーサイドエンジニア

クライアントからのリクエストに応えたり、データベースを構築する人
をサーバーサイドエンジニアと呼ぶよ。サーバーサイドエンジニアは、

データを加工するような複雑な処理を実装したり、クライアントにどのようなデータが必要かを考えて、クライアントにデータを渡す処理を実装したりするよ。

また、データベースにもさまざまな種類があるから、どのデータベースを使用するかを考えたり、どのような形でデータを保存するかを考えたりもするよ。

プロジェクトマネージャー

SNSなどのサービス開発は、エンジニアやデザイナーなど複数人の人がチームになって行われるよ。プロジェクトマネージャーは、SNSでどんな機能を開発するかを決めて、エンジニアやデザイナーが仕事をしやすいように調整していくんだ。

仕事ができる時間は限られているから、実際に使ってくれているユーザーの声やデータをもとに、どんな機能が必要かを考えて、優先順位を決めていくんだ!

ここで紹介した職業は、SNSなどのアプリ開発に関わるほんの一部なんだ! 興味のある人はぜひ調べてみてね!

編集後記
· · · · · · · · · ·

なんでこの本を作ろうと思った？

水野：2025年に共通テストに情報が必修化されるっていう記事を見た
　　　ことがきっかけだよね。情報が受験科目になるのは衝撃的だった。

大倉：今までは情報って「興味ない」「何かむずそう」「スクラッチとか
　　　はやったことある」くらいだった人が、ちゃんと授業で学んで、
　　　テストを受けることになるから、次第に「嫌い」や「苦手」にな
　　　るのが怖いなって思った。

長崎：そうそう。勉強感が一気に増した気がする。

原圃：そこのハードル下げてあげたいなっていうのが、この単語帳の始
　　　まりだよね。

長崎：めっちゃ具体的な話だけど、Life is Tech！を通して学校の先生
　　　に情報を教えたことがあるんだけど、情報専門の先生がいない学
　　　校は、技術の先生が担当するんだよね。今までハンダゴテとかや
　　　ってたのに、急にプログラミングとかを教えなきゃいけないって
　　　なって大変そうだった。

水野：私たちは情報だけに特化して中高生と関わってきたから、そのノ
　　　ウハウをもっとたくさんの人に伝えたいと思ったよね。

原圃：実際、試験科目になったところで情報だけに時間割けるわけない
　　　から、普段から楽しく簡単に学べるのが一番。勉強しなくても覚
　　　えてたわ！　みたいなね。

大倉：好きなものは覚えるもんね。情報の教科書を大学生になってから

読むとすごく面白いんだよね。でも中高生の時は全く気づかなかった。情報のハードルを下げるには教科書よりもっと身近なものじゃないといけないと思ったきっかけだったかも。

土岐：確かに。それで「単語帳」にしたんだよね。

なんで今の時代に紙の単語帳？

大倉：学生時代思い出すと、常に持ち歩いているのって単語帳だった。

長崎：わかる！ガッツリした参考書って重いし高いし…。参考書の方がたくさんの知識が得られるけど、結局難しそうって思っちゃうんだよね。

原園：確かに単語帳ってラフさが一番いいよね。正直、頭に入ってこなくてもとりあえず目を通せるじゃん。

水野：うんうん、単語帳なら電車とか隙間時間に読めるし、書き込んで、だんだん使い込んだ感じが出るのも好きだったんだよねー。

土岐：英単語とかアプリで覚えている友達もいたけど、俺は通信量消費したくなくて紙派だった。紙の単語帳だと、誰でも使えるからいいよね。携帯を持っていけない学校でも使えるし！

なぜこんなにカジュアルな言葉表現なの？

大倉：学生が作ってるってことに意味があるかなと思ってて、学校の先生よりも近い存在。近所のお兄さんが教えてくれてるみたいな親しみやすさが欲しかった。

長崎：私正直情報の授業まじで聞いてなかったから、教科書開いたこと
　　　なかったけど、今振り返ると面白いのに、何か損したなって思っ
　　　ているんだよね。高校生に一番近い大学生の私たちだから伝えら
　　　れる表現ってあると思うんだ。

水野：例文もかなりカジュアルにしたよね

土岐：そうそう。学校の例を使ってみた。新しい言葉を習ったらちょっ
　　　と使ってみたくなるじゃん？　みんなも日常生活で真似できるみ
　　　たいな。それぞれの好きなワードをね、共通で使って楽しめる"ノ
　　　リ"みたいなのを見出せないかなって思ってたんだよね。

大倉：例文のキャラクター俺らだしな笑

土岐："なおや"は、いわゆる秀才で、突っ込む力がある。あとはちょっ
　　　とものをね、俯瞰的に見るっていうところが得意なんだけど、ど
　　　っか斜に構えてる学生笑。"かいと"は、体をまず体動かしちゃう
　　　脳筋な人。屁理屈を言いつつ、本質を見抜く力がある。"かおる"
　　　は、クラスに1人はいる、すごく心優しい視野の広い女の子。

原園：フィクションだよね？　笑

土岐：フィクションです。笑

原園：キャラ設定が一貫してたから見ていて面白かったよ笑。"なおや"
　　　うざかったけど、最後愛着湧いてきたもんな。

水野：一言イメージも、他の単語帳よりかなりラフな表現な気がする。

長崎：辞書とかに載ってる意味とは違うところもあるし、この単語帳に載っている意味だけとは捉えられないこともあると思うけど、直感的なイメージを大事にしたかった。あとは詳細説明でちゃんと理解してもらえると思うから。

原園：正直この単語帳はテストの点が上がる直接的な参考書にはならないと思うんだ。でも、情報のテストがさ、なんか暗記とかじゃないじゃん。理解して「使う」っていうところが大事だから、当たり前に使えるようになるようなイメージで作ってる。

大倉：何か普段家庭教師とかLife is Tech！だったら、一対一で教えるから、本人の趣味に合わせたりして説明できるじゃん。ゲーム好きな子にはゲームに例えてとか、サッカー好きな子にはサッカーに例えてとか。本だとそれはちょっと難しいから、多くの人がイメージできる学校の生活の例を使ってるってのはあるかな。

土岐：何か情報の世界だから普通は目に見ないものが多いけど、それをある程度目に見るものだったりとか、身近にいつも触れてるものに例えることで、イメージしやすくなっているといいなぁ。

どんな子に手に取ってもらいたい？

原園：今まで全然パソコンとかも触ったことないって人にもぜひ取ってほしい。

大倉：情報って難しそうと思っている子にも楽しんでもらえると思う。

土岐：一種のコンテンツとして、楽しんでもらえたら嬉しいっすよね。

長崎：正直高校の受験生とかだけじゃなくて、中学生ぐらいからは全然
　　　手に取れるよね。

水野：勉強としてじゃなくてね。面白そうな本だからって手に取っても
　　　らいたい。NEXT STEPを入れたのもそれが理由。ポスターの作
　　　り方とか、検索力とか。なんか1個でも引っかかるものがあって、
　　　そこで、この世界に入るきっかけになってくれたら嬉しいな。

大倉：情報って数学英語国語とかよりもなんか、ぶっちゃけ本当に将来
　　　使えるって言うか、わかりやすく日常で使えるものだから、単語
　　　帳をきっかけに日常で使えたらなんかちょっと良いよね。

まだまだ語りつくせない編集後記のスペシャル版をWebに用意しました。以下のURLまたはQRコードからアクセスしてみてね。

https://www.shoeisha.co.jp/book/
page/9784798183299/koki/

索引

著者紹介

・・・・・・・・・

水野 薫 （あだ名：かおねぇ）
<small>みず の かおる</small>

大学：慶應義塾大学 総合政策学部4年
- 大学では「防災」の研究。特に、まだ起きていない地震をもう起きたことのように、体験談のような小説を綴る「防災小説」というオリジナルの教材を中学生が実践した効果を研究

Life is Tech！暦：5年目
- 中高生には主に映像編集を教えている
- メンターになる大学生の育成も担当

その他の仕事：株式会社リクルートでバイト（4年目）
- 社内における新規事業の創出・育成をサポート

趣味：KPOP、カメラ

大倉 直也 （あだ名：だいそー）
<small>おおくら なお や</small>

大学：東京大学 工学部の機械情報工学科を卒業後、大学院に進学（情報理工学系研究科知能機械情報学専攻）し、現在2年生
- ロボットやAIとかVRの研究。特にVRを使って何か人間の心理とか認知を何か操作したりとかコントロールしてみようみたいな研究をしている

Life is Tech！暦：5年目
- 中高生には主にゲーム制作を教えている
- メンターになる大学生の育成も担当

その他の仕事：塾講師や家庭教師（6年目）
- 数学中心だが、英語や物理など幅広く教えてきた

趣味：サウナ、邦楽ロック

土岐 海人 （あだ名：どぎー）
<small>ど き かい と</small>

大学：慶應義塾大学 理工学部卒業し、現在社会人1年目
- 在学中は物理化学を研究。中学生の時には科学の分野で扱う三体（気体・液体・個体）を物理的な力の観点で考える研究をしていた。

Life is Tech！暦：4年
- 中高生には主にAndroidアプリの制作、web開発を教えていた
- メンター、大学生の育成も担当していた

その他の仕事：Androidアプリエンジニア、家庭教師
- 在学中からAndroidアプリのエンジニアの仕事をしていたが、就職後も変わらずAndroidアプリエンジニアをしている。家庭教師もしていた（4年）

趣味：一人旅、筋トレ、休日にカフェでコーヒーを飲むこと。

原園 森音 （あだ名：もりね）
<ruby>原園<rt>はらぞの</rt></ruby> <ruby>森音<rt>もりね</rt></ruby>

大学：上智大学 経済部4年生
- 少子化の経済学の研究。特に、結婚の有無がどう経済に結びついているかについて研究している

Life is Tech暦！：5年目
- 中高生には主にweb開発、音楽制作、カメラ撮影を教えている
- イベントの運営もしている

その他の仕事：番組作りや配信
- 番組ディレクターや生放送・オンライン配信などをやっている

趣味：ジャズ・お笑い・サッカー

長崎 茉優 （あだ名：ちゃんぽん）
<ruby>長崎<rt>ながさき</rt></ruby> <ruby>茉優<rt>まひろ</rt></ruby>

大学：慶應義塾大学総合政策学部4年生
- 執筆時は3年生
- 精神分析学を研究している。アーティストの歌詞とエッセイからアーティスト自身の精神分析をする研究

Life is Tech！暦：4年目
- 中高生には主にweb開発、デザインを教えている
- メンターする大学生の育成も担当していた

その他の仕事：塾講師や学校現場での学習サポート、デザイナー
- webフリーランスとしても働いている

趣味：アイドル、フェス

Life is Tech！について

Life is Tech！（ライフイズテック株式会社）は、国内最大級のIT・プログラミング教育サービスです。中高生一人一人の可能性を最大限伸ばすことを使命に、ITでのものづくりを教えています。Life is Tech !が提供しているテックレッスンという情報Iの教材は、全国4,000校以上の学校で導入されています。

team YOKAIGIについて

team YOKAIGIは大学生5人で構成されたチームです。チームメンバーは全員、Life is Tech !で4~5年間、大学生メンターとして中高生にITでのものづくりを教えてきました。全国600人以上いるメンターの中でも、特に技術力が高いという称号を得ているメンターで構成されています。チーム名の由来は、私たちが夜に会議をしている時に本書の企画が生まれたことです（笑）。私たちは全国の高校生に"楽しい情報"を届け続けます。

装丁・本文デザイン　細山田デザイン事務所
DTP　クニメディア株式会社

TECHTAN
（テクタン）
やさしくたのしく学べる 情報I単語帳
（イチ）
[なるほどラボ]

2024年4月23日　初版第1刷発行

著者　team YOKAIGI（チーム　ヨカイギ）
発行人　佐々木 幹夫
発行所　株式会社 翔泳社（https://www.shoeisha.co.jp）
印刷・製本　株式会社ワコー

ISBN978-4-7981-8329-9
Printed in Japan